戦国の世を生きた七人の女

江姫をめぐる女たちの運命

由良弥生
Yura Yayoi

文芸社文庫

はじめに

男たちというのは「記紀神話」の時代から正室以外に妾《しょう》（側室）をもち、子女をもうけてきている。それは連綿として続いている。平安時代に成立した『源氏物語』でも明らかだ。戦国時代が終わり、江戸時代に移ってからでもそれは変わらない。

もうひとつ変わらないのは正室と妾、あるいは妾同士の嫉妬と苛《いじ》めである。

この戦国時代、武将の子女は政略結婚を強いられるのが当たり前であった。いつ同盟の担保として他国へ人質となって送り出されるかわからない。縁組という名のもとに送り出され、「お家」のために政略の道具として扱われる。戦《いくさ》に負ければ正室は相手の妾とされることも少なくない。

そういう運命にあることを、とりわけ武将の娘たちは承知していなければいけない。つらい運命のもとに生まれてきて、なおつらいこともある。縁組が成立しても、それは形式的なものになりやすい。相手に指一本ふれられないまま、すなわち相手にされないままその身を終えたり、他所へ回されたりする場合がある。また夫が戦場《いくさば》で果てたというならともかく、ムリヤリ離縁させられて他国へ送り出されることもある。女たちにとって唯一の楽しみといえば、綺羅《きら》を飾ることだったかもしれない。衣装や髪型、化粧に凝《こ》る。あるいは相手の寵《ちょう》を一身に集めて権勢を振るう――。

自分は不幸だと思えば不幸になる。その考えに縛られてしまうからだ。

だが、自分の置かれている立場を冷静に把握し、現在のためでなく将来のために何をすれば良いのか。悲しみの涙を流しながらも、機転と気丈夫さで生き抜いていこうと心する女たちもいる。

織田信長の妹・お市《いち》と浅井長政《あざいながまさ》とのあいだにもうけられた三人の娘、世にいう「浅井三姉妹」の末っ子が、「江《ごう》」である。ほかに長女「茶々《ちゃちゃ》」と次女「はつ」がいる。

江は二度、送り出され、相手とは生別と死別。

母・お市と二度目の夫・柴田勝家は羽柴（のちの豊臣）秀吉によって滅ぼされる。だから秀吉は仇である。その仇の側室となる姉の茶々。はつも、秀吉に仕える京極《きょうごく》家に送り出される。

江は三度目に秀吉の養女すなわち娘として、秀吉の最大のライバル徳川家康の三男・秀忠のもとへ送り出される。

だが秀吉は三年後に没し、家康は関ヶ原で大坂方に勝利、徳川初代将軍職に就くが、じき将軍職を秀忠に譲った。

こうして江は三度目の縁組で将軍正室と将軍継嗣《けいし》の生母という座を得る。だが江戸城大奥は愛妾や侍女、それに春日局《かすがのつぼね》などがうごめく女の館《やかた》である。また大坂城の姉の茶々・秀頼母子との関係など、さまざまな困難と葛藤が待ち受けている。

お市とその娘たちをはじめ、武将の妻妾《さいしょう》となった女たちは戦国の世をどう生き抜いたのか。それを本書で明らかにしたい。

乱世に翻弄《ほんろう》された女たちの軌跡をたどることは無駄ではないように思える。

人はどん底と思うことがある。でもじつはそれがどん底の始まりだったりする。また、どんな物語にも終わりがある。でも人生は終わりが始まりでもあるという。そんなことを考えさせられたからである。

由良弥生《ゆらやよい》

二〇一一年二月

目次◉戦国の世を生きた七人の女

第二章　お市――織田信長の妹

第四章　江——浅井三姉妹の末っ子（徳川二代将軍秀忠の正室）

第五章　千姫――江の長女（豊臣秀頼の正室）

第一章　戦国時代の裏「早分かり」

1　戦国時代はこんな世の中

つらい上になおつらい乱世

戦国時代というのは一四六七年におこった「応仁の乱」を端緒として、戦乱が続いた時代をさす。織田信長の上洛（都へ上ること）や、明智光秀の謀叛《むほん》「本能寺の変」を経て、豊臣秀吉の天下統一までの混乱期、乱世のことだ。

信長の妹であるお市《いち》や、その娘の茶々《ちゃちゃ》（淀君《よどぎみ》）や江《ごう》など、ここで取り上げる七人の女性が生きた時代はつらい上になおつらいことが多くあった。

戦国大名の娘が嫁ぐということは、誼《よしみ》を通じて軍事的援助の実《じつ》をあげるためで、人質として差し出されるも同然なのである。

彼女たちは知恵をはたらかせ、機転をきかせ、ときには器量を武器とし、大胆かつ果敢に生き抜く。

では、どのような時代であったのか。

この時代は下剋上《げこくじょう》――、下層の者が上層の者をしのぎ倒して上に立つという世の中である。伝統的な権威や価値体系が否定され、武力によって権力を奪い取ることが頻繁《ひんぱん》に行なわれた。

そうした傾向が、これまでの守護大名（守護職の領主化した存在）を追放して戦国大名を生み出す。その戦国大名や武将のあいだでは、謀叛や謀略、裏切りなどが当たり前に行なわれた。

さらに主君の命令であれば、男であろうと女であろうと、「お家」のためには犠牲をいとわないものとされた。子女が同盟の担保、人質として他家へ差し出されるのはざらで、とりわけ女は縁組という名のもとに送り出された。それだけに出戻り、再婚、再再婚も少なくない。政治上の駆け引きの道具として使われるからである。

当時、十人の男子を生み、七人の女子を持ったとしても妻に心を許してはいけない、と言われた。武将の妻というのはあくまで敵方の人間、人質という認識があるからだ。

またこの乱世、身内・同族・家臣との争いはむろん、父子が相争うのは宿命的なものであった。男親にとって、わが子といえども競争相手。だから才覚のある息子ほど、その存在が怖れられ、父が子を子が父を殺すということが起きた。

たとえば越後《えちご》（佐渡島を除く新潟県）の上杉謙信は優れた能力の持ち主で、母親からは可愛がられるが父親には疎《うと》まれ、同族や家臣からも命を狙われた。父親の葬儀には、鎧《よろい》・兜《かぶと》に身を固めて参列したという。また甲斐《かい》（山梨県）の武田信玄の子・義信は父親と対立し、幽閉されて自害させられた。

将来のリスクを勘案すれば、息子といえども断ち切る処置が必要であった。

このようなことは諸国でも同じで、父殺し・子殺し・兄弟殺し・裏切りなどは珍しくなく、頻繁におこっている。いわば「殺《と》った殺《と》られた」の世界である。

巷には略奪を日常とする「悪党」とよばれるあぶれ者の集団が現われ、「女とり」「辻捕り」「かどわかし」などといい、路上で若い女を奪い去って人市《ひといち》で売りさばいたり、妻にしてしまうことなども珍しくなかった。

また身分にとらわれない贅沢で華麗な装いや破天荒な行動を意味する「ばさら」ということばがもてはやされた。ばさらは「婆娑羅」で、梵語《ぼんご》で金剛石の意である。当時、敵対者を仏神の権威にさからう「異類異形《いるいいぎょう》」のものとして排除する観念が浸透していた。そのため反社会的行動を宗教的な悪行とみなし、「ばさら」と名付けられたという。

これが戦国時代という世の中である。

明日をも知れぬ我が命

この時代の武将たちのほとんどは、戦《いくさ》と酒と女の日々を送っている。一流の学識経験者、知識人といえば僧であった。かれらは、その修行目的に「五明《ごみょう》」があり、それを学んでいたからだ。

五明とは、①声明《しょうみょう》（文法・文学）②工巧明《くぎょうみょう》（工学・技術・暦法）③医方明《いほうみょう》（医学）④因明《いんみょう》（論理学）⑤内明《ないみょう》（哲学・教義学）の五つである。

工巧明には平方根を求めることも入っていたという。

つまり、大寺の僧たちは土木建築の専門家なみの知識も身につけていたので、社会事業として架橋したり、道路工事をしたりすることができた。

このように当時の寺というのは、今の私たちが考える寺とはまるでちがって、葬式を扱うようなことはしていない。それどころか「死」や「死人」は「不浄＝ケガレ」として嫌い、避けていた。

寺というのは仏教が流入して以来ずっと最先端の学問の府、いわば知識の宝庫として存在していた。国家に保護・管理された僧の役割といえば、学問修行のほかは「鎮護国家」の修法を行なうことだけ。

だから一般の人々から寺や僧というのは遠い存在であった。寺が一般に死者を弔《とむら》うようになるのは江戸時代になって「檀家制度」ができてからである。

そういうわけなので戦国大名や武将のなかには大寺の僧を傍において「漢学」や「中

国情報」を学び、国外の知識を吸収する者も少なくなかった。とはいえ積極的に学んで、知識人といえるほどの学識を養う者は、そういなかったようだ。

とにかく戦に明け暮れて、明日をも知れぬ我が命であるから、そんな余裕などない。

「縦《たとい》、夫婦一所ニ在リト雖《いえど》モ、聊《いささ》カモ刀ヲ忘ルベカラザルコト」

と『信玄家法』にあるように、妻と二人でいるときでも刀をそばにおいて外敵への用意をし、かつ妻にも気を許すなといわれていた時代なのである。

戦の現実

この乱世、戦国大名や武将が家臣の信頼を得るには、まず敵に勝たなければならない。たとえ謀略をつくそうが、それが生き残る条件である。だから物事の道理だけで戦をすることを求めても無理であった。

戦は領地の奪い合いのためにするもので、「殺《と》った殺《と》られた」の世界である。

その戦だが、当時はまだ兵農分離ができていなかった。戦となれば、戦国大名や武将は農作業に従事している農民を中心とした地下人《じげにん》、すなわち在郷の農民や庶民などを駆り集めた。

いわゆる雑兵《ぞうひょう》である。雑兵を結集させるには時期が重要であった。かれらは農作物の生産者であり、納税者でもある。かれらにとって米をはじめとする農作物の出来・不出来は死活にかかわる問題だ。大事な農作業のある時期に戦がはじまれば、種蒔《ま》きも収穫もできない。また農繁期まで戦が長引けば、収穫は期待できないし、村々は疲弊してしまう。

そうなって困るのは戦国大名や武将も同じだ。耕作を放棄して他領へ逃げ出す農民も出てくるからだ。いわゆる「逃散《ちょうさん》」という事態がおきて、年貢米の徴収も満足にできなくなるからだ。それでは元も子もない。

したがって兵農分離がなされるまでは、たいてい戦を始めるのは秋の収穫を終えてからで、種蒔きがはじまる春までが勝負であった。

農民ら地下人は農閑期の戦となれば、ひと儲けしようと、あるいは一旗揚げようと、鍬《くわ》や鋤《すき》を槍や刀に持ちかえて参集した。戦に勝てば、土地が手に入る。そればかりか敵地の女や子どもを自由にできる。とりわけ雑兵たちは勝手のし放題であった。女や子どもは人市で売り飛ばし、年寄りと男は殺すのが現実である。

そういう雑兵たちの振る舞いを、戦国大名や武将は見て見ぬ振りをしていた。かれらは大事な兵力である。かれらがいなければ雑兵の頭数がそろわない。下手に口出しをすれば、見限られてしまう。だから見逃していたのである。

乱世のはじまり

すでに述べたように戦国時代の発端は「応仁の乱」という内乱であるが、この内乱は十一年間も続いた。

なぜなのか。

当時、室町幕府は地方支配の拠点として諸国に国衙《こくが》（国の役所）を設け、守護という役職を置いていた。謀反人や殺害人（刑事犯）を検察・断罪する任務にあたる職である。

その任務に就いた武士（有力御家人＝貴族や武家棟梁《とうりょう》の従者）はしだいに地頭《じとう》（荘園管理者や在地領主）などを傘下《さんか》におさめていき、役所の職務を奪ってみずからが領主化、すなわち「守護大名」となって「お屋形《やかた》さま」と呼ばれるようになった。そして幕府の後押しもあって各国を領国化し、その経営を行ないはじめる。

「応仁の乱」は、この守護大名たちの対立に、ほかの問題が複雑にからんでおきた。その経緯はこうだ。

細川勝元も山名宗全（持豊《もちとよ》）も、幕府の後押しで有力な守護大名となったが、やがて両者に対立が生じ、幕府も二つに割れる。そこへ八代将軍足利義政の跡継ぎ問題がおこる。その問題に管領《かんれい》（将軍の補佐役）の斯波《しば》・畠山両氏の家督争いがからんだ。

そのため諸国の守護大名も、細川方の東軍と山名方の西軍とに分かれ、京都で内乱（「応仁の乱」）がおきる。

この内乱が京から地方に広がっていき、十一年間も続いたのである。この間に荘園の公領制は崩壊し、室町幕府は権威を失っていく。幕府の置かれた京は荒れるにまかせた。地方も同じである。

こうして秩序の乱れた世の中となっていき、守護大名に取って代わる「戦国大名」が出てくるのである。

下剋上の到来

戦や内乱が一年以上も続けば、田畑は荒れ果てて種蒔きも満足にできなくなる。秋の収穫も見込めない。それが十一年間も続いた。各地の被害・疲弊は深刻であった。それでも農民は守護大名（お屋形さま）の城や砦《とりで》の普請《ふしん》に駆り出される。いわゆる労役の負担を強制される。

そのため農民はむろん、在郷の国人層《こくじんそう》（地侍＝武士勢力）らの不平不満が膨れ上がった。在郷から逃げ出す「逃散」も多くなった。また生活に困窮すれば身売りはむろん、堕胎や間引きが日常茶飯事のごとく行なわれた。嬰児《えいじ》の首筋に足をのせて殺すのだという。

「逃散」にしても「間引き」にしても、それは在郷の働き手が少なくなるということだ。それだけ税収が減るし、雑兵の獲得も容易ではなくなる。守護大名の威令《いれい》もきかなくなる。

そんな立場に置かれた守護大名は、しだいに守護代（守護職の代行をする代官）や在郷の国人層の武力によって潰されていく。

いっぽう幕府内でも管領が将軍を追放したり、その管領をその家臣が追放したり、その家臣をそのまた家臣が武力で追放して権力を奪い取るということがおきる。

つまり、上下の関係にある「下」によって、「上」が倒されていく。いわゆる「下剋上」の到来で、武力・実力主義がまかりとおる世の中となる。

こうして守護大名に取って代わることのできた群雄が諸国に割拠し、「戦国大名」となって地方の領国化をいっそう進めていく。

そのため土地をめぐって争い、食うか食われるか、殺《と》った殺《と》られたという戦国時代が出現する。

かれらは互いに鎬《しのぎ》を削って足利将軍に代わる覇者《はしゃ》、すなわち天下を治める者になろうとしたのである。

戦国武将と男色

戦国大名や武将たちは城を築くさい、「所堅固《ところけんご》」を重視した。所堅固とは地形が険しく攻めにくいことである。戦国大名らが拠点としたのは、そういう自然の要害に手を加えた山城《やまじろ》で、それを山頂や山腹に造った。また山麓には土塁と堀をめぐらした居館（城主の屋敷）を設けた。ちなみに戦国末期ごろになると、戦法の変化や領国経営上の立地条件などから、山城は平城《ひらじろ》（平地に築いた城）に変化していく。

ところで戦国時代、珍しくなかったといえば、男色《だんしょく》（男の同性愛）もそうである。男色は六世紀前半に仏教が流入してから寺院で広がったといわれる。女犯《にょぼん》（女性と交わること）を禁じる宗派は多かったが、男色は大目に見られていた。それが公家社会、武家社会に広がっていったのである。

室町以後、寺院や公家、武家などで召し使われる少年、いわゆる稚児《ちご》を愛する気風になった。いわば美少年趣味である。髪を結って後ろへ垂らし、肩のあたりで切りそろえるのを「喝食姿《かっしきすがた》」、また女のように下げ髪にして眉を剃り、白粉《おしろい》・鉄漿をつけるのを「稚児姿」とよんで愛《め》でていた。

戦国時代以降は、尚武《しょうぶ》（武道・軍事を尊ぶこと）の気風から、武将の雑用を務める少年武士、小姓がその対象になったといわれる。

小姓になるのは通常、十四歳から十八歳くらいまでの少年であった。かれらは武将の食事の世話から衣服の着替え、結髪・掃除など日常生活の雑用をこなす。

小姓のなかでも「陰事《いんじ》」(性行為)の相手もさせるのを「小小姓《こごしょう》」といい、必ず美少年で、成人に達すれば近臣《きんしん》(側近)となるのが普通であった。近臣は近習《きんじゅう》とはちがう。近習とは、主君のそばにいて奉仕する者のことだ。武将たちは武芸や学問の優れた青少年を身近に侍らせ、相談相手としていた。これが近習で、いわば「学友」である。したがってことさら美少年である必要はない。男色の相手をさせる「小小姓」とは違うからだ。

とにかく戦国乱世には、男色が武将たちのあいだで広く行なわれていた。といって白い目で見られていたわけではない。陰に隠れてこそこそ行なわれていたわけでもない。武将のたしなみのひとつであった。

なぜなのか。

合床《あいどこ》(同衾《どうきん》)、すなわち肉体関係を結ぶことで、絆をより強くできたからだという。裏切り・謀叛・謀略が当たり前の時代、今日は味方であっても明日は敵にまわるかもしれない。かたときも気の許せない環境下にあって、誰を信じていいのかわからない。疑心暗鬼になりがちな武将にとって、男色関係から生まれる信頼関係は貴重なものであったようだ。両者の結びつきは親兄弟・同族・同盟相手はむろん、女性からも得られない強い絆を感じられるものであったようだ。

たとえば織田信長と森蘭丸、武田信玄と高坂昌信（春日虎綱）、徳川家康と井伊直政などの関係が有名である。

森蘭丸というと、容色すぐれた少年っぽい華奢《きゃしゃ》なイメージを持ちがちだが、偉丈夫《いじょうふ》、すなわち体が大きく武芸も人並み以上だったという。

この時代、戦国武将は女色・男色兼備が普通で、いわゆる両刀遣いだったのである。

2　乱世を代表する織田信長

絶対者への道

戦国の世を生き抜いた七人の女たちの生き方をよりよく理解するには、この時代の有り様を見ることだが、それにはこの時代を代表する織田信長、豊臣秀吉、それに徳川家康の軌跡を追うのが一番わかりやすいだろう。

信長の妹・お市が「浅井三姉妹」を生み、長女の茶々は秀吉の側室となり、三女の江は二代将軍・秀忠の正室となる。家康の正室・築山殿《つきやまどの》は、夫である家康の命令で殺害されている。

このように女たちの運命は、かれら戦国武将によって決定付けられたといってよいからだ。

まず、信長の軌跡から見てみよう。

信長は織田家の三男で、一五四六年（天文十五）、十三歳で元服し、父親の死後、十八歳で家督を継いだ。

『信長公記《しんちょうこうき》』によれば、若き日の信長は茶筅髷《ちゃせんまげ》をし、その髷は紅色や萌葱《もえぎ》色などの派手な糸で巻いていた。また、朱に塗られた鞘《さや》におさめられた大刀を腰に差していた。そして周囲からは「おおうつけ（大馬鹿者）」と見られていた。

そんな信長が尾張（愛知県）の統一を進めながら、全国に割拠する戦国大名たちの統合を目指す。「天下布武《ふぶ》」の標語のもと、武家権力を主導して公家・寺社を統括しながら、一揆に結集する百姓（農民）を制圧していった。

信長の運の良さは、甲斐（山梨県）の覇者・武田信玄と、越後（新潟県）の覇者で戦《いくさ》上手な神がかり的な上杉謙信が続いて亡くなったことだろう。

信玄は一五七三年（元亀四）に没し、その五年後に謙信が没している。とりわけ謙信は信長に上洛を先んじられて四年後、信長・家康連合軍を「三方《みかた》ヶ原《はら》の戦い」で破ると、上洛を果たすべく軍をおこそうとする。だが持病の肺結核で重篤に陥り、翌年病没している。

二人が生きていれば、後述する一五七〇年（元亀一）の「姉川の戦い」のあと再びおきる越前（福井県中・北部）の朝倉義景《よしかげ》や近江（滋賀県）の浅井長政との戦い、それに本願寺一向宗、中国地方の毛利氏などとの戦いで、より苦戦しただろうといわれている。

いずれにしても強大な権力を得た信長は、それによって統一政権の樹立をめざす。すなわち「天下の主《あるじ》」を志すのである。

そんな信長を、朝廷は征夷大将軍という官職に就けようとした。しかし信長は受け入れない。それどころか天皇に譲位を迫ったり改暦を迫ったり、暦を作ろうとしたりと、天皇の大権（統治権）を侵し始める。これは天皇に取って代わってみずからを神格化しようとするもの、そう受け取られたという。

つまり信長は、天皇に代わる絶対者への道を歩み出したと考えられる。その雄図は重臣・明智光秀の謀叛によって挫折するが、そこに至るまでの足跡をたどってみよう。

家康との縁

乱世といえども、各地の戦国大名や武将・豪族たちの行動を左右するものは、勅《ちょっ》許《きょ》（天皇の許可）、いわば天皇のお墨付きである。勅許があるかどうかで、かれらの動き方も変わった。

当時、天皇は現実的な権力の主体としては用をなしていなかった。だが権威の源泉としては充分に畏敬されていた。だから戦国大名や武将たちは天皇からの授権（一定の権限を特定の者に与える）という形式を、この上なく尊重していた。

それだけに戦国大名は力を蓄えて上洛を果たし、朝廷（天皇）に働きかけを行なって足利将軍に代わる覇者、すなわち天下を治める者になろうと鎬《しのぎ》を削った。上洛は武力をもって己の意を通す手段、いわば武功の象徴でもあった。

一五六〇年（永禄三）、二十七歳の信長は、「桶狭間《おけはざま》の戦い」で今川義元を破る。義元は駿河《するが》（静岡県中・東部）・遠江《とおとうみ》（静岡県西部）・三河（愛知県中・東部）を治めていた戦国大名だが、上洛を図って尾張に侵入したため、信長に奇襲をかけられて敗死する。享年四十二。

義元の上洛を潰《つい》えさせた信長は武名を挙げ、勢威をつけた。勢いに乗った信長は、一五六二年（永禄五）、今川義元と手を組んでいた三河の徳川家康に同盟を求める。

このとき信長二十九歳、家康二十一歳である。

二人には不思議な縁があった。

家康は六歳のとき、一五四七年（天文十六）のことだが、数奇な運命に肩を叩かれる。今川氏の人質として三河岡崎城を出て、駿河へ送られることとなった。その道中、織田方に捕らえられて尾張に送られ、織田家の人質となったのである。

二年後、家康の父親が没すると、今川・織田両氏の間で捕虜交換が行なわれ、家康は織田方から今川義元のもとへ送られた。そして「桶狭間の戦い」で義元が敗死すると、家康はようやく三河岡崎城に帰ることができる。十九歳になっていた。家康は足掛け十四年間も人質生活を送っていたことになる。

そんな家康に、信長は同盟を求めて成功する。以後、信長・家康連合軍は諸国の群雄を討ち破っていくのである。

信長の上洛

一五六七年（永禄十）、信長は美濃（岐阜県中・南部）の斎藤氏（竜興《たつおき》）を攻め落とした。そして斎藤氏の稲葉山城を岐阜城と改めて、以後、岐阜を拠点とする。

斎藤氏というのは油商人から身をおこし、大名にまでなった下剋上の典型的な人物とされている。美濃の守護職・土岐氏を追放して美濃を奪い取って戦国大名となった斎藤道三《どうさん》は、信長の義父にあたる。

つまり、信長の妻は道三の娘である。その道三の援助があったからこそ、信長は尾張の勝利者になれたといえる。道三はのちに家督を譲った長男・義竜《よしたつ》の廃嫡《はいちゃく》をはかって父子の対立・抗争を引きおこし、長良川の河畔で敗死した。その十一年後に信長は妻の実家を滅ぼしたことになるが、義父の弔い合戦をしたともいえる。

翌一五六八年（永禄十一）九月、信長は興福寺の門跡《もんせき》（住持）であった足利義昭を擁立し、幕府の建て直しを名目に上洛する。このとき信長、三十五歳である。今川義元の上洛を奇襲で潰えさせた「桶狭間の戦い」から八年が経っていた。

信長は自分の行動の優先順位を間違えない。順位を決めたら、あとは自分の利益優先のために初志を貫徹する。道三の娘との縁組も遠謀あってのことだ。

上洛を果たした信長は、義昭を第十五代将軍職に就ける。そして新将軍の居館（二条城）を前将軍の二条御所の焼け跡の上に造営しはじめる。

そのいっぽうで信長は、新将軍の権威をことごとく無視する行動に出た。

一五七〇年（元亀一）正月、五項目の「条書」を義昭に認めさせる。こんな内容だ。

これまでの義昭の下知《げち》（命令）はすべて無効とする、天下のことは信長に委任したうえ、将軍の意見を聞かずとも信長として自由に成敗できる――、などである。

いわば将軍は政治に手を出すなという「将軍の否定」で、将軍の権威を奪ったに等しい。

信長は義昭を、俺が将軍職に就けた男、くらいにしか考えていなかったらしい。将軍は傀儡《かいらい》、あるいは象徴でいい。政治的な実権は覇者としての自分が掌握すべきものだと考えていたようだ。

そのため二人のあいだに不和が生じ、深刻な対立へと発展する。

義昭は将軍職の権威を回復すべく、諸国の戦国大名に信長追討の密書を送り、反信長勢力を組織しだす。

こうして信長と反信長勢力との戦いがはじまるのである。

反信長勢力

近江北部（滋賀県北部）の戦国武将である小谷《おだに》城主・浅井長政《あざいながまさ》は、信長の妹・お市を妻として受け入れて、信長と誼《よしみ》を通じ友好関係を結んだ。そして近江の守護大名・六角《ろっかく》氏を押さえるなどして、近江北部の支配を固め、南部にも進出する。

しかし信長が越前（福井県中・北部）の朝倉氏攻めをはじめると、信長を裏切った。

その経緯はこうだ。

越前の朝倉義景は、父祖の代から続く加賀（石川県南部）の一向一揆との戦いに明け暮れていた。加賀は「応仁の乱」のあと、一向一揆によって守護職の富樫《とがし》氏が滅ぼされ、その後ずっと一向宗門徒の国となっていた。そんななか、一五六八年（永禄十一）のことだが、室町幕府十三代将軍足利義輝《よしてる》が、大和（奈良県）を支配していた戦国武将・松永久秀らに襲われて自刃。十四代将軍職に反松永派に擁立された足利義栄《よしひで》（十一代足利将軍の孫）が就いた。

当時、義輝の弟・義昭は大和（奈良県）の興福寺の僧侶であったが、ただちに還俗《げんぞく》して朝倉義景を頼って越前に身を寄せ、義景に上洛を促がした。自分を将軍職に、という要請である。だが義景にはその意思がなかった。自信がなかったのだ。すると義昭は信長を頼って岐阜へ移った。その義昭を、信長が擁立して上洛することになる。ちなみに十四代将軍義栄は対決姿勢をみせるが、まもなく病没した。

越前の朝倉義景は自分に代わって上洛を果たした信長が面白くなかったのだろう、信長の入京の呼びかけには応じなかった。

そんななか新将軍義昭から信長追討の密書が届く。そのころすでに義景は摂津（大阪府南部と兵庫県南東部）の石山本願寺の一向一揆の勢力と和睦を固めていたので、かれらと手を結んで信長追討の挙兵準備をはじめる。

いっぽう信長は、義景が入京の呼びかけに応じないことを口実に越前出兵を決める。

このとき近江の浅井長政はひそかに朝倉義景と行動を共にしたのである。

なぜなのか。

近江の浅井氏は昔から越前の朝倉氏とは誼が深く、友好関係にあった。その越前に、義兄とはいえ自分に断りもなく攻め入ることに反発、これまでの信義を守って朝倉氏に味方したという。

だが、こうも考えられる。朝廷（天皇）や新将軍に対する信長の態度をよしとしたくなかった。それに越前の朝倉氏は義昭が頼って上洛を促した人物であり、それなりの実力者。ここで反信長勢力の朝倉氏と共に起《た》てば、信長を挟み撃ちできる。もし討つことができれば、義景が天下をとり、自分もいっそう勢威を張れる——。

いずれにしても長政の裏切りは、その妻・お市の機転で兄の信長に知れるのだが、その経緯は二章に譲る。

一五七〇年（元亀一）六月、ついに信長は近江の姉川流域で、いわゆる「姉川の戦い」をおこす。信長・家康連合軍は苦戦しつつも義景・長政軍を追い込む。だが長政の裏切りを知ってか、追討せずに兵を引き上げる。

このときはまだ、信長の妹・お市に悲劇はおこらない。義景と長政の二人は生き延びたからだ。

しかし、この戦いが朝倉・浅井氏滅亡の端緒となるのである。

浅井長政、死す

「姉川の戦い」の翌年（元亀二）、信長は比叡山を焼き打ちし、また長島（木曽川河口）の願証寺を拠点とする一向宗門徒による長島一揆や、将軍義昭が門跡であった興福寺を討った。

いっそう勢威をつけた信長は二年後の一五七三年（天正一）八月、準備万端ととのえて再び越前に進攻する。自分にことごとく楯を突く朝倉義景はもちろん、妹のお市を差し出したにもかかわらず、自分を裏切った浅井長政をどうしても許せず、怒り心頭に発する思いだったにちがいない。義景を完膚なきまでに叩き、返す刀で長政を追討する。

義景は居城のある一乗谷に火を放たれて、最期を悟ったのだろう、自刃する。享年四十一。

信長はその首を京都に送って獄門にかけた。また生母と嫡男も捕らえて殺害した。

追いつめられた長政も、もはやこれまでと近江の小谷城で自刃する。享年二十九。その首はやはり京都に送られ、獄門にかけられた。

長政の妻・お市と幼い三人の娘は信長のもとへ送り届けられた。長女が「茶々」、次女が「はつ」、そして三女が「江」である。

また、十歳になる長政の長男・万福丸は脱出するが、捕らえられて関ヶ原（岐阜県関ヶ原）で磔にされた。それをしたのは羽柴（のち豊臣）秀吉である。むろん信長の下知があったからだ。

信長に引き取られたお市と娘三人は清洲城に送られる。以後、数奇な運命をたどることになるのだが、それは二章以下に譲る。

怯える戦国武将

織田信長には残虐嗜好《しこう》があったのだろうか。

そう思いたくなるほど、敵に対しては男にも女にも、また子どもにも非道な所行に及んでいる。

たとえば越前の朝倉義景を再度攻めたとき、その城郭のあった一乗谷に四方から火を放ち、炎と阿鼻叫喚《あびきょうかん》のうちに壊滅させている。義景の正妻も母も子も辻堂に押し込め、火を放って焼き殺している。

また翌年（天正二）、伊勢長島では一向宗の信徒たちを殲滅《せんめつ》している。さらに一五七八年（天正六）、摂津（大阪府西部と兵庫県南東部）の武将・荒木村重に謀叛の疑いがおきたとき、村重が中国地方を治める毛利氏のもとに逃げると、村重の妻や一族を処刑したあと、百二十人の侍女たちも磔にし、さらに五百人以上の男女を一ヶ所に集めて焼き殺したという。

乱世にあっては見せしめのため、あえて残虐行為をすることでしか、反信長勢力の戦意を消耗させることができないと考えていたのだろうか。

いずれにしても越前攻めに成功した信長は返す刀で、室町幕府十五代将軍・足利義昭を追放し、幕府を滅亡させた。

その二年後の一五七五年（天正三）、信長・家康の連合軍は甲斐（山梨県）の武田勝頼（信玄の子）を破った。これが「長篠《ながしの》の戦い」である。

この戦いの経緯はこうだ。その前年に武田方は徳川方の遠江の城をとり、翌年には家康の三河（愛知県東部）長篠城を囲んだ。窮地に陥った家康は信長に援軍を要請、それに信長が応じ、長篠城の西方、設楽原《したらがはら》にみずから出陣、家康軍とともに武田軍を駆逐した。

このとき信長・家康連合軍は、「風林火山」の旗指物を風になびかせながら押し寄せてくる武田の騎馬隊の突撃を防ぐため、馬防柵を設けて鉄砲の一斉射撃（三段撃ち）を行なって、武田方に壊滅的な打撃を与えた。

この戦いは鉄砲の威力を見せつけたため、以後の戦法が鉄砲主体へと転換する画期となったといわれる。

しかし鉄砲の威力だけが勝因ではない。三河の作手《つくで》城の城主父子が、家康がわに寝返ったからでもある。

この三河城主の息子の嫁は、人質として武田がわに預けられていた。まだ十六歳であったというが、裏切られた武田方は見せしめのためにこの嫁を磔にかけたという。

こういう仕置《しおき》（懲らしめのための処置）が、この時代には謀叛・裏切りと同じように行なわれていた。

信長に徹底的に叩かれた武田方は以後、信長軍の再来襲に怯えるのである。

寝返らせる技

「長篠の戦い」でさらに自信をつけた信長は翌年、安土城を築いて全国統一に乗り出す。「天下の主」を目指すのである。

翌年には中国地方にも進出し、毛利氏と対立、抗争をおこす。羽柴秀吉がのちに織田軍の先鋒として出陣、中国地方を転戦する。その途中で、後述する「本能寺の変」がおきるのである。

それはさておき、一五七九年（天正七）九月、信長は能登（石川県北部）を支配下に置いた。その前年の暮れには加賀（石川県南部）の一向一揆を制圧し、越後（佐渡島を除く新潟県）の上杉氏の勢力下にあった北陸路に西から侵攻する。

翌年（天正八）、ついに石山本願寺をくだして畿内（京都に近い国々）の五ヵ国、山城《やましろ》（京都府南東部）・大和（奈良県）・河内《かわち》（大阪府南東部）・和泉（大阪府南部）・摂津（大阪府西部と兵庫県南東部）を手に入れて支配する。

さらに信長は越後の上杉方の動きを封じようと、尾張の武将・佐々成政《さっさなりまさ》を越中（富山県）に送った。すでに織田方は上杉氏の内乱、すなわち謙信の後継者争いから生じた「御舘《おたて》の乱」に乗じて能登・加賀を掌中にしていたので、越中には進攻しやすかった。翌年には越中のほとんど全域を制圧する。

そして一五八二年（天正十）、信長は再び家康とともに信濃（長野県）に侵攻し、甲斐の武田勝頼を自刃に追い込んで、武田氏を滅亡させた。

こんな話がある。一五八二年の正月早々、越後の上杉に間諜（スパイ）から情報が

届いた。《信濃の木曾義昌が織田信長に寝返って、年明け早々、弟を人質として信長に送った》

木曾義昌というのは、武田信玄の娘婿である。その義昌が義兄（勝頼）を見捨てたというのである。

信長は、信濃を切り崩せれば甲斐に攻め入るのが容易になる。甲斐を攻略できれば、越後の上杉氏に圧力をかけられる——。そう読んだのだろう。

上杉氏は「御舘の乱」の平定で窮地に陥ったさい、宿敵の武田氏と同盟を結んでいる。その武田氏を、信長は「長篠の戦い」で追い込んだ。再来襲に怯える武田氏の攻略を謀って、木曾義昌を寝返らせる策を講じていたのだろう。

信長は、人を寝返らせる上手な技の持ち主だったようである。

信長、死す

裏切り・寝返りを持ちかけられたとき、寝返るほうにもそれなりの打算、褒賞があるから話に乗る。

だが相手が抱く恩義の気持ちというのは必ず指数関数的に減少する。だから褒美をいつもぶら下げ、刺激を与え続ける必要がある。あるいは用がなくなったら、切り捨てるしかない。

こんな話がある。織田方に内応した者には恩賞を与えるという信長の甘いことばに乗った武田方の家臣を、のちに信長はとがめて斬首したという。

また一五七九年には、丹波（京都府中部と兵庫県中東部）の八上《やがみ》城主兄弟が降伏の挨拶に安土城にやって来ると、助命の約束を反故にして、二人を磔に処している。このとき、八上城に人質として預けられていた信長の重臣・明智光秀の伯母が犠牲になっている。八上がわの手で磔にされたのである。このことがのちの光秀謀叛（本能寺の変）の要因の一つになったといわれる。

ともかく、「食言《しょくげん》」もまた戦国時代の常識である。食言とは一度口に出した言葉を、また口に入れるという意で、前に言ったことを実行しないこと、約束を守らないことだ。

信長は約束を守らないどころか、殺してしまった。戦国乱世にあって、明日をも知れぬ我が身からすれば、それが裏切り者の当然の姿と考えたのかもしれない。

武田の一門で、親族筆頭とでもいうべき駿河（静岡県中・東部）の江尻《えじり》城主・穴山梅雪《ばいせつ》（穴山信君）も、武田の滅亡が迫ると家康に寝返っている。穴山家の存続をはかろうとしたようだが、あわよくば信長のとりなしで武田家を継ごうとしていたともいわれる。

いずれにしても、信長・家康連合軍に追いつめられた武田勝頼は一五八二年（天正十）三月十一日、天目山《てんもくさん》（山梨県甲州市）の山麓で自刃して果てた。享年三十八。

こうして信玄の築いた甲斐源氏の名門、武田氏を滅亡させた信長は甲斐・信濃全域を掌握する。

勢いづいた信長は越前（福井県中・北部）に柴田勝家、加賀（石川県南部）に佐久間盛政、能登（石川県北部）に前田利家という勇将をあてて本格的に越後侵攻を進める。

いっぽう中国地方の毛利攻略を進めている秀吉軍を支援するため、みずからは京都に向かった。そして一五八二年（天正十）六月二日、本能寺に宿泊。その本能寺で「変」がおこる。周知のように明智光秀の謀叛である。信長は「是非に及ばず」と呟《つぶや》き、自刃した。享年四十九。

このとき信長の長男・信忠《のぶただ》も京都二条城で光秀軍と戦い、自刃した。享年二十六。

＊

これまで見てきた信長の足跡から、戦国時代が私たちの感覚では容易に推し測れない時代であったことがうかがえるだろう。

3　羽柴秀吉の野望と徳川家康

お市の身の振り方

「本能寺の変」後、同月二十七日、尾張で清洲会議というのが開かれた。これは織田家の重臣たちが清洲城（名古屋市北西郊）に参集し、織田家の事態収拾のために行なった会議である。

この会議では信長の後継者をめぐって議論が交わされた。信長の次男で二十五歳の信雄《のぶかつ》（清洲城主）、同じく二十五歳で異母弟の三男・信孝《のぶたか》の二人が候補に挙がった。

織田家の重臣・柴田勝家は三男の信孝を推した。信孝は羽柴秀吉とともに明智光秀を討っている。

しかし秀吉は信雄・信孝のいずれにも反対した。そして信長の孫、すなわち信長の長男・信忠の遺児で、まだ三歳の三法師《さんぼうし》（のちの秀信）を推した。

重臣らは侃々諤々《かんかんがくがく》とやりあうが、けっきょく主殺しの明智光秀を追討した秀吉の発言力が上回り、三法師を後継者とすることが決まる。これによって勝家は織田家重臣としての主導権を秀吉に奪われた。このとき勝家六十一歳、秀吉四十七歳である。

この清洲会議ではまた、近江の浅井長政の正室だったお市の身の振り方も論議された。

信長の三男・信孝は、織田家の後継者に幼い三法師を推した秀吉の遠謀《えんぼう》に勘づいて、後継者に自分を推した勝家と手を結んで秀吉に対抗する。会議の数日後、叔母にあたるお市を訪問、勝家との再婚を熱心に勧めた。

お市は幼い三人の娘とともに、伊勢の上野城主・織田信包《のぶかね》（信長の異母弟）の許で、信長を避けるように暮らしていた。この年、お市は三十六歳、小谷城を出てすでに九年が経っている。

お市は、この縁組を断れば、次は秀吉から話が持ち込まれるかもしれない、そう思い進退きわまったようだ。勝家との縁組に踏み切ったのである。

秀吉の当面の敵

清洲会議は秀吉の口の上手さも手伝ってかれの独擅場であった。

その後、織田家の主導権を握った秀吉は、信長の妹・お市を娶《めと》った宿老・勝家と激しい対立をおこす。

両者は共に織田家の逸材である。

勝家は、かつて織田家の兄弟間に後継者争いが生じたとき、兄・信長ではなく弟・信行の擁立をはかって失敗、一時は信長と敵対した。だが信長に許されて以後、戦功をあげて、このころは越後の上杉がわの城の一つ、魚津城を落とし、力量ある重臣として評価され、越前北ノ庄（福井県中・北部）を拠点として北陸地方の支配をまかされている。

いっぽう秀吉も信長に信頼されて重用され、主君・信長の弔い合戦に勝利した武将である。

その勝家と秀吉の二人の対立が抜き差しならないものになる。原因は信長の後継者をめぐる対立であるが、それよりむしろ両者の胸の内にしまわれていた激しい感情の対立といえる。

勝家は織田家の宿老《しゅくろう》である。そのため秀吉が使い走りなど「小者《こもの》」をしているときから知っている。だから成り上がって今ある秀吉を軽蔑しているところがあった。

また秀吉も常々、自分が勝家たち織田家の重臣に蔑《ないがし》ろにされているという自覚があり、面白くなかった。だから信長死後、当面の敵は勝家と見ていた。その勝家に、自分が欲していたお市を奪われた――。

それだけに根の深い感情的な対立となり、のちに爆発したといえるのである。

勝家とお市、死す

こんな話がある。秀吉は「本能寺の変」後の冬からずっと、越後の上杉氏に言葉巧みに近寄って、北陸地方の攻略は「相互扶助」でやろうと同盟の申し入れをしていた。越中には柴田勝家に味方する尾張の武将・佐々成政がいる。

越後の上杉氏にしてみれば、勝家らは上杉がわの魚津城を猛攻撃し、有能な重臣たちを自刃に追い込んだ敵方の武将である。憎くないわけがない。それだけに越前北ノ庄の勝家や、越中にいる成政らの動きが気になるはず。利害は一致する。そう読んで秀吉は上杉氏に近づいたという。

いずれにしても越後の上杉氏は、翌一五八三年（天正十一）二月、秀吉の同盟の申し入れを受け入れた。すると秀吉はさっそく越中への出陣を上杉氏に要請した。つまり、勝家らを挟み撃ちにする魂胆である。

秀吉は、越中を攻め落とせれば、上杉氏に越中と能登を与えると伝えた。

（与えるだと……）

対等という立場で同盟したはずではないか——。上杉氏の重臣らは秀吉の高飛車な態度を快く思わなかった。信長でさえ越後には手が出せないでいた。戦《いくさ》上手の神がかり的な謙信がいたからである。それだけに、秀吉ごときにという反発があったようだ。上杉氏は越中に出兵しなかった。

同年四月、ついに秀吉と勝家との激しい感情の対立が表面化し、爆発する。近江（滋賀県）の賤《しず》ヶ岳《たけ》付近で両軍は対峙、いわゆる「賤ヶ岳の戦い」がおきる。

こうして勝家軍は秀吉軍に討ち破られるのである。追いつめられた勝家はお市とともに越前北ノ庄の城で自刃した。勝家六十二歳、お市三十七歳であった。二人の結婚生活はわずか半年であった。

落城に先立って三人の娘はお市のとりはからいで城外へ抜け出し、秀吉の元へ送られた。

雪国の冬も終わり、短い夏が来るというころであった。

以後、三人の娘たちにはさらなる数奇な運命、つらいうえになおつらい運命が待ち受けている。それは三章以下に譲る。

秀吉の浮上

「賤ヶ岳の戦い」における勝家の敗因は、信長から能登を与えられていた前田利家の裏切りといえる。

なぜなら、利家は勝家の与力《よりき》（有力大名に加勢する大名）という立場であったのに、秀吉に与《くみ》したからだ。のちに利家は秀吉によって加増され、能登（石川県北部）から加賀（石川県南部）に移っている。

勝家を破って上方《かみがた》へ戻った秀吉は、信長の孫・三法師（秀信）を後継者として擁してはいたものの、信長の後継者に育てるつもりはなかった。みずからが信長の後継者となる環境を創り上げていくのである。

信長の身近にいてその行動、考え方を身につけていたであろう秀吉は、信長と同じように食言は当たり前、そう考えていたのかもしれない。

織田家の足軽だった秀吉は戦働《いくさばたら》きで手柄をあげ、しだいに重用された。三十八歳のとき、近江（滋賀県）を与えられて長浜城主となった。「本能寺の変」後、明智光秀、柴田勝家を倒し、織田家の実質的な主導権を握ったときは四十八歳である。そして信長が安土に築城して全国統一に乗り出したのと同じように大坂城を築城し、「天下の主」を目指した。

秀吉は信長が最初に行なった兵農分離、武士と農民とを分けて、武士をしだいに農業経営から離していった。そして戦国大名と武士たちを城下町に集住させる策を強化した。それによって戦《いくさ》を、雑兵や時期をあてにすることなく、いつでもできるようにしたのである。

ところで信長の死は、名門武田家を滅亡させてから三ヵ月後のことだ。それから秀吉が信長の実質的な後継者としての地位を獲得するまで、たった一年余りである。

秀吉のそんな前途を誰が予測できただろうか。

信長死後、実権を握るのは、信長の妹・お市を妻とした越前北ノ庄の柴田勝家だと、誰しもが考えていた節がある。

宣教師ルイス・フロイスが書いた『日本史』によれば、謀叛をおこし、信長を自刃に追い込んだ明智光秀は、織田家の重臣の中ではよそ者であった。誰からもよく思われていなかった。

その光秀のこんな話がある。秀吉は当面の敵を勝家と見ていたが、同じように光秀は勝家を当面の敵と見なしていた。そのためみずからの謀叛を密かに信長軍と敵対している上杉軍に報《しら》せた。信長暗殺後、自分の敵となるのは勝家と予測し、勝家と戦っている越後の上杉に同盟を持ちかけた――。

つまり信長死後、秀吉が浮上してくるとは誰も考えていなかったのである。

だが案に相違して一歩も二歩も先んじて出て来たのが秀吉であった。秀吉は光秀追討後、光秀が上杉氏に同盟を持ちかけていたことを知り、勝家を封じるため同盟を中し入れたのかもしれない。

いずれにしても、「小者」にして年下の秀吉にしてやられた勝家の心情を察するのは容易なことだろう。

息を吹き返す戦国武将

「本能寺の変」後の秀吉や、信長の盟友ともいえる徳川家康、それに各地の戦国武将の動きを見ておこう。

そのころ中国地方（備中《びっちゅう》・高松）で信長軍の先鋒として毛利氏の軍勢と対戦中だった秀吉は、「本能寺の変」の報せを受けると急遽、毛利氏と和睦、二万余りの大軍を京都へ返し（「中国大返し」）、光秀の軍と「山崎の戦い」を、山城（京都府南東部）で行ない、これを討ち破った。この「中国大返し」は、能吏《のうり》・石田三成《みつなり》あってできたといわれる。

また秀吉は運がよかったといえる。大軍を以て京都に戻れるのは、毛利氏攻めで二万五千という軍勢を率いていた秀吉だけであったからだ。加えて主君の弔い合戦という「大義」があるので、戦う武将たちの士気の高さも光秀軍とはちがっていたはずである。

徳川家康は「本能寺の変」がおきたとき、大坂の堺に滞在していた。信長に招かれて入京し、堺で遊んでいた。一人ではなかった。かつて自分に寝返った武田一門の穴山梅雪と一緒であった。

信長の死を知ると、身の危険を察して家康は密かに間道《かんどう》（抜け道）を使って伊賀を越え、伊勢から海上に出て三河岡崎（愛知県中南部）に逃げ帰った。

梅雪は陸路を使ったが、途中、山城の山中で、一揆を起こしていた在郷農民の手にかかってあえなく殺された。これを知って武田の遺族は溜飲の下がる思いをしたことだろう。

いずれにしても天下の平定を目前にした信長の死は、各地の戦国武将らを生き返らせた。奪われた領土の回復に動き出す。信長に敵対していた武将だけではない。臣従していた者たちも個々に飛び出してくる。

関東の北条も、また岡崎の家康も動いた。家康は甲斐（山梨県）の平定に動き出し、併せて信濃（長野県）を呑み込もうとする。越後（新潟県）の上杉氏も動いた。兵力を率いて信濃に出陣する。

それに対して秀吉はどんな手を打ったのだろうか。

秀吉の権謀

羽柴秀吉から上杉氏の重臣（直江兼続《なおえかねつぐ》）に一通の書状が届く。その内容は「賤ヶ岳の戦い」、つまり柴田勝家との戦いに勝ったことを報《しら》せるものであった。それだけではない。上杉氏が、秀吉の越中出陣要請に応じなかったことを責め、今後の覚悟を促すようなことが認《したた》められていた。

上杉の重臣は越中出陣要請といい今度といい、秀吉の高圧的な態度に不快の念を禁じえなかったようだ。臣従したわけではない。あくまで対等であるという思いがある。だが秀吉は上杉をまるで臣下のように扱った。当面の敵であった柴田勝家を倒し、飛ぶ鳥を落とす勢いの秀吉は己の天下も近いと自信たっぷりだったのだろう。

越後の上杉氏にしてみれば、そんな秀吉がどういう人物なのか、よくわからない。主殺しの光秀を倒し、身内の重臣・勝家を亡ぼした男。成り上がり者、くらいの認識であったにちがいない。

だが、信長の死を自分の好機にしたその手腕はあなどれない――。そう思っていたようだ。

秀吉という未知の男の勢いにある種の能力をみてとって、無用な対立を避けようとしたのだろう。上杉氏は機転を利かせ、秀吉に戦勝祝いの使者を立てる。

このころ上杉家中でいちばん懸念されていたのは上杉一門からの謀叛、裏切りが出ることであった。信長軍に寝返って反乱をおこした武将がいたからだ。

これ以上の謀叛、裏切りが出れば、上杉氏は存亡の危機に陥る——。

そう秀吉も読んでいたのかもしれない。だから裏面で画策しながら、いっぽうで同盟を持ちかけ、臣従させようとしたのだろう。秀吉の情報収集能力は優れていたといわれるからだ。

当面の敵のほかにも敵

「賤ヶ岳の戦い」で、当面の敵・柴田勝家を討ち破った秀吉は、着々と「天下の主」を目指すが、そんな秀吉を黙って見過ごすわけにはいかない者たちがいた。いわば当面の敵のほかの敵が、現われたのである。

その一人が徳川家康である。また信長の次男信雄《のぶかつ》、さらに越中の佐々成政《さっさなりまさ》などであった。

信雄は、秀吉が信長の遺族をほったらかすのに不満を抱き、家康を頼った。また成政は勝家と同じく、秀吉を成り上がり者と軽蔑していた。

家康はその両者と手を結んで、秀吉に対抗する。このころ家康は五カ国（駿河・遠江・三河・甲斐・信濃）を領有する大大名となっていた。というのも信長亡きあと、小田原の北条氏（氏直《うじなお》）が動いたが、それに対抗した家康は和睦に成功したからだ。

一五八四年（天正十二）三月、ついに家康は「小牧《こまき》・長久手《ながくて》の戦い」をおこす。秀吉軍三万と、家康・信雄、それに越中の佐々成政らの連合軍一万六千が対峙した。

しかし長期戦になって勝敗を決することができない。同年十二月、家康は秀吉と講和した。このとき家康は十一歳になる結城秀康《ゆうきひでやす》（幼名・於義伊《おぎい》・於義丸《おぎまる》とも）という自分の子を、養子先から秀吉のもとへ人質として送り出している。

その二年後、秀吉も人質を家康に差し出す。異父妹の四十四歳になる「朝日姫《あさひひめ》（朝日の方）」を浜松城（静岡県浜松市）へ送り出した。なかなか言うことをきかない家康を懐柔するためだ。このとき家康四十五歳、秀吉五十一歳である。「朝日姫」は、のちに家康の正室となった。家康には「築山殿《つきやまどの》」という正室がいた。だが一五七五年の「長篠の戦い」で、家康・信長連合軍が武田勝頼（信玄の遺子）を破って四年後、築山殿は武田方への内応を信長に疑われ、家康の家臣により殺されていた。むろん、信長の下知に従った家康の指示による。この「事件」には深い事情があるのだが、六章に譲る。

とにかく秀吉は家康とは和睦したが、北陸をおさえるには越後の上杉氏が必要であった。

しかしこの時期、上杉氏は信長軍に寝返った武将の反乱に手を焼いていて、越中への出陣どころではなかった。

いっぽう秀吉は、同盟を結んでいるにもかかわらず上杉氏が越中に出陣しなかったことを訝《いぶか》った。同盟を確実なものとするには、担保としての人質をとる必要がある。そう考えて、石田三成を介して強硬に人質の要求をした。

これまでも再三にわたって、秀吉は何かというと人質の要請を口にしている。先の勝家との「賤ヶ岳の戦い」の戦勝祝いに対する上杉氏への礼状のなかでも、それを言うことを忘れていない。

それ以前にも三成が、人質の要請を受け入れるよう上杉氏の重臣（直江兼続）に書状で勧告している。それを上杉氏は無視、ほっぽっておいた。今度は三成から強硬な要求がきた。事ここに至っては、無視することも拒むこともできなかった。けっきょく上杉氏は同盟の担保として人質を送ることを決める。しかし子のない上杉当主は、義兄の五歳になる三男（弥三郎《やさぶろう》）を養子とし、そのうえで秀吉のもとに送った。

上杉氏はこう考えたようだ。秀吉の力を借りて寝返った武将の反乱を一挙に潰し、越後の統一をはかりたい――。

それぞれの打算が一致し、妥協したといえる。

臣従する上杉

一五八五年（天正十三）八月、秀吉は越中の佐々成政を討つため挙兵した。加賀の前田利家、尾張の丹羽長秀らの軍勢あわせて五万余を先発させた。みずからは手勢八千を引き連れて大坂城を発った。

前月、「関白」に叙任された秀吉は天皇の名のもと領土裁定権を独占し、全国土の所有者が誰であるかを明確にした。

また「惣無事令《そうぶじれい》（交戦停止命令）」を発し、戦国大名や村落の自治組織が持っていた交戦権を認めないとした。これを拒否してする戦《いくさ》は「私戦」とされ、「公の軍＝官軍」である秀吉軍による「征伐」が、勅許《ちょっきょ》によってなされるとされた。

すなわち秀吉は確実に天下を手に入れつつあった。翌年には「豊臣姓」を賜り、豊臣秀吉となる。

その関白豊臣秀吉の側近・石田三成から越後の上杉氏へ、越中の佐々成政の「征伐」に協力するようにという書状が届く。

人質を送ったとはいえ、それはあくまで同盟の証としてであり、関係は対等のはず。

そう誇り高い上杉氏は思ういっぽう、複雑な気持ちになる。なぜなら同盟相手とはいえ、秀吉は朝廷に取り入り、しだいに官位を上げて関白・太政大臣にまでなった。関白といえば、天皇を補佐して政務を執行する職。勅許を盾に、しようと思うことは何でもできる。

ここは上杉も徳川も、秀吉に臣従するしかない——。

そう考え至ったようだ。抜かりのない手順の踏み方に、秀吉の優れた能力、手腕を垣間《かいま》見る思いだったのだろう。上杉氏は越中出陣の準備をして兵を送ることになる。だが秀吉軍の動きを見守るだけに終わった。五万八千という秀吉軍の兵力に対して成政の兵力は七千。成政が抵抗を諦めて富山城を明け渡したため、「征伐」はあっけなく終結したからである。

落水の会

越中の富山城に入った秀吉から、越後の上杉氏のもとへ会見の申し入れがあったという。こんな話がある。越後の地に秀吉みずから出向くと、石田三成が伝えてきた。会見場所は上杉氏に一任された。同盟を結んでいるとはいえ、その大胆な振る舞いに上杉当主はむろん、重臣たちも驚きを隠さなかった。会見場所の一任は、準備万端ととのえて秀吉の寝首をかくことも不可能ではないからだ。

ともあれ、上杉がわは越中・越後の国境に近い「落水《おちりみず》」（新潟県糸魚川市）を指定し、当地の落水城で会うこととした。

やって来た秀吉がわは総勢二十人もいなかった。手輿《たごし》（前後二人で、手で腰のあたりの高さまで持ち上げて運ぶ輿の一つ）に乗った秀吉は途中で降り、歩き出した。迎える上杉がわの落水城主や重臣らを見つけると、その名を当てて、「お手前の武勇、聞いておるぞ」、あるいはまた「そこもとは知恵者だそうだな」と気さくな態度でことばをかけた。声をかけられた者たちは皆、驚きながら喜んだ。あの秀吉が自分を知っている――。

このあたりにも秀吉の情報収集力の精度が垣間見える。同時に「人たらし」の面目躍如である。

秀吉・三成と上杉当主（景勝《かげかつ》）・重臣（直江兼続）の四人で一刻（二時間）ほど、密談が行なわれた。

この席でも秀吉は口元に笑みをたたえながらまくしたてた。兼続の二十六歳という年齢を聞いて、三成と同じだと言ったり、どこで学問を習ったのかと聞いたり、上杉当主に上方見物に来るよう誘ったりした。これは、入京して秀吉に伺候《しこう》、すなわちご機嫌伺いをするよう迫ったのと同じで、臣従とみなされる。秀吉はこう言った。

「この秀吉、私利私欲で戦っているのではない。乱世を早く終わらせ、戦《いくさ》に苦しむ民や百姓をなくしたい」

だから盟友として参画してほしい、と頭を下げた——。

これが「落水の会」といわれるものだ。

おそらく秀吉にとって、頭を下げることくらい何でもなかったであろう。算盤をはじいていたはずだから。それにしても、できすぎている話である。

いずれにしても、上杉当主は入京を承知する。

こうして越後の上杉氏を落として秀吉は「天下の主」を確実なものとするのである。

最大利益の上げ方

「落水の会」はなかったという説もある。それによると——。

一五八六年（天正十四）早々、石田三成から上杉家の重臣のもとに書状が届いた。入京の催促である。これまでにも書状がよく寄せられていたが、無視していた。天下に覇を競った上杉家が、むざむざと素性もよく知れない未知の秀吉の風下になど立てない。そんな思いがあったからのようだ。

だが、秀吉の官位はしだいに上がって関白・太政大臣にまでなった。その手腕と勢いを知るにつけ、いずれ徳川も上杉も入京し、伺候することになる、そう考える重臣たちもいた。

城内で連日のように衆議が行なわれ、ついに入京、伺候やむなしということになった。

五月に入ると、秀吉側近の三成ら三人の重臣が連署した書状が届いた。連署の書状は初めてであった。そこにこうあった。秀吉の異父妹・朝日姫を家康に嫁がせ、姻戚関係を結んだ。それゆえ家康が入京して関東の仕置《しおき》（領土裁定の処置）が決まる前に、上杉殿も入京されるのが得策であろう――。

秀吉の思いどおりに事が運んでいた。

ついに五月二十日、上杉景勝は精鋭四千人あまりを率いて入京の途に就いた。一行は倶利伽羅《くりから》峠を越えて、加賀（石川県南部）に入った。

秀吉は、上杉に対する用意周到な気遣いをしていた。側近の一人を越中（富山県）に、また石田三成を加賀に派遣し、さらに京に滞在していた前田利家を加賀に帰国させた。

五月二十八日、上杉の一行は、加賀で三成と利家の出迎えを受けた。このとき初めて景勝・兼続の二人は三成・利家に会った――。

つまり、「落水の会」はなかったという。

いずれにしても秀吉は複数の人間を動かすときに、どのように媚《こび》を売れば一番自分にとって効果があるか。それを常に考えながら、自分にとっての最大利益を上げていたようだ。

そんな秀吉も寝返った者には冷たかったといわれる。だが信長のように殺さなかっただけ、ましかもしれない。

主を裏切った人物を受け入れるのは、周知のようにその器量を買うからではない。単にその存在を利用するためだ。目的がかなえば価値はなくなる。だから冷たくなるのは当然なのかもしれない。

懐柔される家康

一五八六年（天正十四）六月十六日、大坂城において上杉景勝は関白秀吉に伺候し、臣従を公にした。

秀吉は千利休《せんのりきゅう》の茶会を催して二人を饗応《きょうおう》する。そして官位をすすめ、景勝は従四位下左近衛権少将《げさこのえのごんのしょうしょう》兼侍従に任じられる。秀吉が朝廷を動かしたのである。

一行が京を離れるという前日、秀吉から文書が届く。そこにはこうあったという。「佐渡の支配をみとめる」

これはまさに臣下に対する言い方である。しかし立場が保証されることでもあった。いっぽうこの間、先に述べたように秀吉は異父妹（朝日姫）を家康のところへ差し出し、家康と和睦を結んでいる。だが家康はいっこうに入京しなかった。しびれを切らした秀吉は、今度は七十四歳になる老母（大政所《おおまんどころ》）を、家康の嫡子の居城である岡崎城に差し出した。すると家康はただちに入京、秀吉に伺候した。家康は老母まで差し出す秀吉の執念に観念したようだ。これを機に家康の秀吉への態度が変わり、さらに臣従ぶりを公にする。九州の島津《しまづ》氏の平定から帰還した秀吉のもとに駆けつけ、戦勝を祝ったりした。そのせいだろう、官位をすすめられて「従二位権大納言《ごんのだいなごん》」に任ぜられる。

こうして秀吉は家康の懐柔にも成功するのである。

また秀吉は、一五八七年（天正十五）に完成した京都の聚楽第《じゅらくてい》に後陽成《ごようぜい》天皇を迎えることになり、行幸《ぎょうこう》（天皇の外出）は翌年（天正十六）四月十四日に予定された。

この前月、三月に信長の妹・お市の長女で、二十一歳になった茶々が、秀吉の側室として聚楽第に入っている。

聚楽第というのは秀吉が造営した荘厳かつ華麗な城郭ふうの私邸だ。
秀吉は、天皇を私邸に迎えるまでに上り詰めていたのである。

秀吉の知恵

それぞれの武将が戦国乱世を生き抜いてきているが、秀吉が他の諸将と異なるのは、現状を把握し、今のためでなく将来のために何をすればいいかを常に考えていたことだろう。

また相手が何を一番、欲しているか。それを正確に把握し、間合いをはかって相手の心の隙に入り込む術、知恵を身につけていたことだろう。主従のあいだに亀裂を入れて揺さぶるのも、秀吉の得意な技であった。

この下剋上の時代、実力によって権力を掌握できるといっても、武力だけではのしあがれない。身につけたいろいろな知識を応用する知恵がなければ、何をするにしても危険を抱え込む。すなわち命を失うことにつながってしまう。

秀吉には知恵があった。

秀吉が天皇を聚楽第に迎える狙いはこうだ。天皇の外出となれば、供奉《ぐぶ》（天皇の行列に供をすること）する諸大名は、昇殿《しょうでん》（日常、天皇がいる清涼殿《せいりょうでん》の殿上の間にのぼること）を許される。いずれの大名も供奉し、昇殿したがる。ならば昇殿させ、諸大名（位階五位以上）から起請文《きしょうもん》（天皇への忠節を神仏に誓い、それに背かぬことを記した文書）をとっておく。それによって関白という重職にある自分の命令にも従わざるをえなくなる——。

そう、秀吉は読んでいたのである。

繰り返すが天皇は当時、現実的な権力の主体としては用をなしていない。だが権威の源泉としては充分に畏敬されていた。

つまり天皇は権威的・宗教的な秩序の面ではこの上ない位置にいた。それを秀吉は上手に利用したのである。

乱世の収束

秀吉は、奥羽の伊達政宗《だてまさむね》や出羽山形などの戦国大名をも臣従させた。

だが秀吉の要請をあなどってなかなか臣従しなかったのが、関東の北条氏政《うじまさ》であった。要請に従わず、代わりの者を入京させた。

そんな北条にしびれをきらした秀吉は、一五八九年（天正十七）十一月、手切れの文書、すなわち威《おど》しの手紙、いわば最後通牒を突き付けた。その手紙は家康の手を経て、氏政の子である氏直に渡された。氏直が家康の娘婿であったからだ。家康は、信長亡きあと動きだした北条氏と抗争し、和睦に持ち込んだが、そのさい娘を北条氏に差し出していた。

氏直から渡された文書を読んだ氏政はこう怒ったという。こんな一片の書面で屈服するか。関東を取るなら武力で取るがいい――。

翌年三月、秀吉は朝廷に参内して「節刀《せっとう》」を賜った。これは出征する将軍などに天皇が下賜《かし》し、全権を委任した「しるし」とする刀である。つまり、勅許を得たことになる。

秀吉は節刀を押し頂いて京都を発ち、小田原へ出陣した。

小田原に向けられた秀吉方の軍勢は二十二万にのぼった。内訳は秀吉の率いる十四万、家康の三万、東海道諸城の守備が一万、水軍が一万、上杉、前田らの北陸軍が三万であったという。

氏政は、親戚同士である家康は味方であると信じていたようだが、案に相違して家康は秀吉方として出陣した。

北条方は籠城戦に持ち込んだ。

秀吉軍は北条方の支城を一つ一つ落としていき、小田原城を孤立させていった。ついに七月五日、小田原城は陥落、氏政は自刃した。享年五十三。

家康の娘婿の氏直は命を助けられたが、高野山《こうやさん》に追放された。その後、河内に一万石を与えられ、大坂城に出仕することになる。家康のはからいがあったのであろう。

また家康は関東に移封され、領国経営にいそしむのである。

秀吉は「本能寺の変」後、明智光秀を討ち、柴田勝家を倒し、信長の後継者としての確実な地歩を占めた。その後、四国征伐・九州征伐を行ない、また奥羽・出羽を平定、最後に小田原の北条氏を倒した。

こうして秀吉は「応仁の乱」に端を発した戦国動乱の時代を終結させ、天下統一を果たした。主の織田信長が自刃してから、八年である。当時の誰も予測できなかったことであろう。

天下を目前にして挫折せざるをえなかった信長は、自分の行動を最適化するにはどうしたらいいかを常に考えていたが、人の心の動きには無頓着で、相手を怯えさせることを多くした。

そこが秀吉とは異なる。秀吉は人を動かすとき、どのように媚を売れば自分にとって最大利益になるかを常に考えていたように思える。

いずれにしても男たちの乱世は収束する。

だが本書で取り上げる戦国武将の妻妾となって生きた七人のうち、信長の妹・お市と家康の正室・築山殿を除く五人の女——、「茶々」（のち秀吉の側室淀君）・「江」（のち二代将軍秀忠の正室）・「千姫《せんひめ》」（江の長女＝のち豊臣秀頼の正室）、それに家康の愛妾「お万《まん》」と「お愛《あい》」の「乱世」はまだ終わらない。というより、始まりなのである。

第二章　お市——織田信長の妹

婚礼行列

戦国武将・織田信長の妹であるお市は、一五六六年（永禄九・諸説あり）の春、長い婚礼行列を従えて尾張（愛知県西北部）の清洲城を出た。このときお市は二十歳である（諸説あり）。

北近江（滋賀県北部）の武将である小谷《おだに》城主・浅井長政《あざいながまさ》のもとへ向かった。相手の長政は二十二歳。

この日、信長は清洲城の本丸から一回り以上も年の離れた妹の婚礼行列を、どんな思いで眺めていたのだろうか。

縁組とはいえ、織田家が浅井家に差し出した人質も同然である。一抹の不安を覚えていたかもしれない。

あるいは「細工は流々、仕上げを御覧《ごろう》じろ」という思いだったか。

信長は、これで北近江の浅井氏との誼《よしみ》を通じて京への道が確保でき、上洛（都へ上ること）することも容易になると、早めに手を打った自分に満足していたかもしれない。このとき信長、三十三歳である。

信長は一五五一年（天文二十）、十八歳で織田家の家督を継いでいる。

いっぽう長い婚礼行列のなか、輿《こし》添えの武者に守られて運ばれる輿のなかで、お市はどんな思いをめぐらしていたのだろう。見も知らぬ男のもとへ差し出される不安はなかったのだろうか。

佳麗な白百合

物心のつくころからお市の世話を焼いた傅育《ふいく》係りの老女は、およそお市の振る舞いに口出しをすることはなかった。ただ常日頃、「静かに、静かになさい」と言うのが口癖であったという。

武家の娘に生まれたお市は、長ずるにしたがって自分が縁組という名のもと人質として送り出されることを承知していただろう。それが家督を継いだ兄・信長の意向であるなら「静かに」受け入れる。それが当たり前と考えていたにちがいない。

そして老女のこんなことばを反芻《はんすう》していたかもしれない。

「じっとしていらっしゃい。女というものはいつでも、何があっても、静かにしているものです」

どんなにつらいときも、どんなに淋しいときも、またどんなに悲しいときも、どんなに恐ろしいときも、静かにじっとしてなさい。それらはいつか通り過ぎてしまいます――。そう、諭《さと》されたことがある。それを順守しながら育ってきたといえる。

そういうお市であるので、いかにも冷徹、あるいは冷厳に見えるところがあった。その上、まれに見る美貌の持ち主である。肌の白さといい、鼻筋といい、澄んだ眼と形といい、整った顔立ちが気品を漂わせる。

婚礼行列が小谷城に着到《ちゃくとう》し、輿から降り立ったお市を見た浅井長政はむろん、そこに出迎えていた誰もが、美しさに目を奪われたことだろう。

まるで佳麗《かれい》な白百合を見る思いだったにちがいない。

こうしてお市は「小谷の方」と呼ばれ、浅井家で大輪の花を咲かせる。だが、単に床の間の飾り花ではなかったのである。

（お市は信長の異母妹であるが本書では「妹」で通す。また生まれてくる娘たちの年齢にも諸説あるが通説に従い、また数え年である）

兄の遠謀

浅井長政が縁組をするのは二度目であった。

当時、浅井氏は近江の北三郡を支配していたが、勢威は退潮気味であった。同じ近江の南を支配する六角《ろっかく》氏に押されていたからだ。そのため父親の久政《ひさまさ》は十六歳の嫡《ちゃく》男《なん》・長政と六角氏の重臣の娘との縁組を企て、誼を固めることにした。

この縁組はしかし臣従《しんじゅう》としかいえないものである。六角氏の娘ではなく、その家臣の娘との縁組であるからだ。それでも長政は受け入れた。その長政に父親はさらにこう言う。

「嫁の父親に父子の挨拶をして来い」

長政は浅井氏の家臣たちから父親より大将の器《うつわ》であると評価されるほど、優れて武将的な嫡男であった。それだけに屈辱的な縁組のうえになお屈辱的な伺候《しこう》を強制されるのはもってのほか、という思いがあった。

（なぜ、六角氏の家臣にまで頭を下げて挨拶しなければならないのだ……）

長政は老臣を介して父親を説得し、受け入れた娘を実家に返してしまった。

これは取りも直さず六角氏との絶交宣言に等しい。ために浅井氏と六角氏との間に容易ならぬ事態が出来《しゅったい》する。

一五六一年（永禄四）、長政がお市を迎える五年前のことだが、六角氏と戦うことになった。このとき長政は年少にして武将的な才能を発揮、六角氏を敗走させて、近江全体はむろん、近隣にまで武名をとどろかせた。

尾張の信長の耳にも届いたことだろう。

信長は尾張を統一したあと、一五六〇年（永禄三）五月、「桶狭間《おけはざま》の戦い」で今川義元を破った。義元は駿河《するが》（静岡県中部・東部）・遠江《とおとうみ》（静岡県西部）・三河（愛知県中部・東部）を支配する有力な戦国大名で、上洛を謀って尾張に侵入してきた。それを奇襲し、義元を敗死させた。その二年後には、今川氏と組んでいた三河岡崎城主・徳川（松平）家康に、自分の九歳になる娘・徳姫《とくひめ》を差し出し、同い年の家康の長男・竹千代（信康）と縁組、手を結んだ。

このころお市は十六歳であるが、武将の間で交わされる縁組から自分の近い将来を、おぼろげながら予感をもって見ていたにちがいない。

家康と同盟を結んでいよいよ勢威を増した信長は、さらに美濃（岐阜県中・南部）の斎藤氏攻略を謀る。

そこで目をつけたのが六角氏を撃破して武名を上げた近江の浅井長政である。

（浅井を引き込めば……）

斎藤氏の攻略は容易《たやす》くなる。そう考えたにちがいない。なぜなら長政の支配する近江の北三郡は美濃の北隣に当たり、斎藤氏の動きを抑えることができるからだ。

信長はただちに動く。常に行動の優先順位を間違えない信長は、長政にお市との縁組を提案する。

これが成功すれば、上洛の道の確保も容易になる――。そう踏んだ遠謀であった。

お市は長政との縁組を申し渡されたとき、兄の眼をじっと見つめながら静かに頷いたことだろう。お市の眼は使命を帯びて受け入れる者の眼であったかもしれない。お市はこの時代の武将の物を見る力を有していたといわれる。それだけに信長の遠謀にもうすうす気づいていたと考えられる。

浅井三姉妹の誕生

いっぽう近江の北部を支配する浅井長政にしてみれば、六角氏を打破したとはいえ、近江南部を支配できたわけではない。その脅威はまだ残る。それだけに今川義元を討って勢威を増している信長と組むのは得策である。

つまり両者の利害は一致する。

お市を正室として受け入れた長政は、信長の猛攻のおかげで六角氏を圧倒、近江の南部に進出する。

そんな長政を、お市はどんな思いで見ていたのだろうか。

長政に対する家臣の期待は大きかった。その武将としての器は近隣にも認められている。うれしくないはずはない。長政が大きくなればなるほど、織田家のためになる。それを静かにじっと見守っていればよい。そう思っていたのではないだろうか。

長政の居城・小谷城は「所堅固《ところけんご》」を重視した山城である。周知のように所堅固とは地形が険しく攻めにくいことだ。琵琶湖畔の小谷山の雑木林に覆《おお》われた斜面を背景に築城されていて、城郭《じょうかく》は本丸、京極《きょうごく》丸、二の丸とある。眼下に琵琶湖が広がる立地で、お市の心にかなっていたようだ。

また長政は精悍でりりしく、長身の武者であった。そんな長政にいつかお市は惹かれていった。しかし、その気持ちをあらわにするようなことはなかった。静かにじっと、という態度で長政に尽くしていた。それが織田家のためである、と。

そのうちお市は、「お市の方」とか「小谷の方」と呼ばれるようになる。すると間もなく身ごもった。繰り返し襲う陣痛にもひたすら静かにじっと向き合っている様子である。

それを案じて長政はいろいろな心配りをしたという。こんな話がある。産室の庭に高名な修験道の先達《せんだち》を招いて安産の護摩《ごま》を焚《た》かせたり、出産を手伝う老女を城下から呼んで来たりした。

一五六七年（永禄十）早々、お市は長女・茶々を生んだ。その一年後には次女・はつ、そして四年おいて三女・江《ごう》（小督《おごう》とも）を生んだ。

たとえ人質同然で嫁いできたとはいえ、長政の人となりにふれて感情の交流を深め、危惧の念を抱くことなくやってこられたお市は女の幸せを静かに噛みしめていたことだろう。

夫の裏切り

信長は近江の浅井長政と手を組んだ翌年、美濃（岐阜県中・南部）の斎藤氏（竜興《たつおき》）を攻め滅ぼし、その稲葉山城を岐阜城と改め、拠点とした。

翌年九月、足利義昭をともなって上洛する。

お市はそれを知ったとき、うれしかったにちがいない。自分が静かにじっと、ひたすら長政に仕えてきたことが役に立った、と。

しかし間もなく、織田家と浅井家の同盟関係は破綻するのである。

一五七〇年（元亀一）正月、前章で述べたように信長は十五代将軍・足利義昭《よしあき》に五項目の「条書」を認めさせて、その実権を奪った。そして越前（福井県中・北部）の朝倉義景《よしかげ》に入京を要請した。だが義景は、北陸の一向一揆と対立・抗争していることもあって応じない。本当は、入京すれば臣従することになるからだ。それを嫌ったようだ。

また信長に将軍職を蔑《ないがし》ろにされた義昭は権威の回復をはかろうと、信長追討の密書を各地の戦国大名に送り、反信長勢力を組織する。

義景にも将軍義昭の密書が届く。義景はすでに和睦を固めていた摂津（大阪府南部）の石山本願寺の一向一揆の勢力と手を結んで反信長勢力となった。そして挙兵の準備をする。

そんな義景に対して、信長はついに越前攻めを決意する。

六月、いわゆる「姉川《あねがわ》の戦い」がおこる。

このときお市の夫・長政は朝倉氏に与《くみ》したのである。長政は、信長の背後を襲うべく、ひそかに兵を出した。

それを知ったお市は長政の裏切りを兄の信長に報せるのである。

お市の機転

こんな話がある。お市は夫の裏切りを信長に報せるにもその手段がない。周りはいわば敵ばかりである。機転をきかせてお市は、兄の陣中見舞いに小豆を送りたいと申し出る。

浅井氏がわにしてみれば、信長に公然と敵対の態度を見せているわけではなかったので、お市の従者が信長のもとに小豆を届けるのは信長を油断させることになる。そう読んで、小豆を届けることになった。

お市はその袋のなかに密書を入れなかった。小豆の入った袋の上下を縄でくくっただけで、こんな口上をつけて届けさせた。「陣中お見舞いでござります。お菓子がわりに炊いてお召し上がり下さいませ」

つまり、お市の仕掛けはこうである。「兄上は今、この袋の小豆も同然です。朝倉と浅井から、前後から攻められようとしています」

信長は妹の謎かけを解いた。義景・長政両軍を追い込んでいたが、追討せずに兵を退いて、浅井氏の近江を通らず京へ引き上げた——。

この話は浅井氏がわの記録にあるという。

いずれにしてもお市はこのときばかりはじっとしていられず、動かざるをえなかったようだ。自分の身は所詮、人質という理解がある。同盟の担保としての価値がなくなれば、生きてはいられないかもしれない。自分は覚悟の上だが、織田家や娘二人の身を案じたにちがいない。

信長にしてみれば、妹のお市まで差し出して同盟関係を保っていたにもかかわらず、それを反古《ほご》にした長政に激しい怒りを覚えたことだろう。

いずれにしても近江の姉川流域で行なわれた戦いは最初、信長・家康連合軍は苦戦するが、けっきょく義景・長政両軍を討ち破る。

この戦いが端緒となって朝倉・浅井両氏はその後、信長に殲滅《せんめつ》されるのである。

兄弟の相克

お市は兄信長の気性の激しさと、その裏にある優しさも知っていたかもしれない。

お市が十歳のころ、織田一族に内紛があった。当時、信長は二十三歳、家督を継いで五年目である。だが一族の中には信長に代えて末森《すえもり》城主である弟の信行に家督を、と考える者が多くいた。信行もその気になった。

その年の八月、ついに謀叛《むほん》が発覚。兄・信長の憤怒はすさまじかった。同腹の弟に裏切られ、柴田勝家など老臣にも背《そむ》かれたからだ。雨の中、清洲城の軍勢をみずから率いて庄内川のほとりで、弟・信行の軍勢を迎え撃った。

このとき討ち取った信行がわの首級は四百五十余りもあったという。

まさに骨肉相食《こつにくあいは》む争いである。

家督をめぐる兄たちの相克を知ったとき、お市は信長を恐ろしく思って身じろぎもできなかったであろう。ただ静かにじっとしているしかない。だが大人になるにつれ、兄の激しさを理解できた。同時に優しさも発見できた。

この血で血を洗う家督相続争いは実母のとりなしもあって、兄・信長は弟・信行の謀叛を許した。

だが許された信行は翌年、またもや同族と手を組んで謀叛を企てる。それを知ってついに信長は家臣をやって信行を自刃させた。

信行に仕えていた柴田勝家は剃髪《ていはつ》し、その頭を下げて信長に切腹を願い出た。すると信長はこう言った。「そちまで失って、この織田家が立つと思うか」

許された勝家は以後、信長のもとで戦功をあげ、重臣として遇される。

この勝家と、ずっとのちにお市は一緒になるのである。

懸念される最期

信長は朝倉義景・浅井長政連合軍に勝利したが、自分に味方するとばかり思っていた長政が義景に与したことが許せない。

（いずれ……）

殲滅《せんめつ》しないではおかない。そんな思いでいたのだろう。

だが近隣の戦国武将や石山本願寺の門徒など、反信長勢力が相次いで信長打倒の兵を挙げている。それをまず、信長はひとつひとつ潰していった。

そんな兄の武功をよそに、お市は長政の小谷城の奥（主人以外の男性の立ち入り禁止の生活空間）で幼い娘たちと暮らしながら、激動する時勢を静かに見守っているしかなかった。

武略に明け暮れる長政をはじめ、家臣たちともめったに顔を合わせなくなった――。

ふと、そう思う。だが苦にはならない。子どもたちとの毎日があっという間に過ぎてゆくからだ。

いつだったか、長政が義兄と敵対することになったと嘆いたことがある。

お市は静かに聞いていただけである。どんな事態もいずれは通り過ぎてゆく。そう思い、流るるがごとくの歳月にじっと身を任せるしかない、と。

ただひとつだけ懸念しているのは、子どもたちのことである。とりわけ長政が側室に生ませた万福丸が気がかりであった。茶々より三つ上の万福丸はちょくちょくやってきてはお市の娘を可愛がってくれる。それだけに情もわく。

（ひょっとしたら、兄はこの子を……）

長政の嫡男である万福丸（ほかにもいたらしい）は浅井氏の血を受け継いでいる。兄の手によらずとも、もし長政に最期がきたら、この子も連れていくのだろう。それが武家のしきたり――。

そんなことを考えていると、お市の普段の静けさはさらに深まっていく。

そんなとき、幼い子どもたちの喚声に、はっと我に返ることがある。そのたびにお市は、やさしくこう言った。「静かに、静かになさい」

夫の絶体絶命

お市が三女・江を生んだのは、一五七三年（天正一）五月ごろのことである。このとき長女の茶々は七歳、次女のはつは六歳である。

兄を裏切ったと知っても、夫が求めれば受け入れるのは人質の宿命といえる。お市はなおさら覚悟の上であるから、静かに応じたにちがいない。

そのひと月前の四月、信長の仇敵といえる甲斐（山梨県）の武田信玄が病没していた。信玄は石山本願寺と同盟を結んで信長に敵対していた。

信長は「信玄、死す」の情報を得ると、いよいよ「天下の主」をめざす。すなわち絶対者への道を歩み出す。

いっぽう「姉川の戦い」で信長に敗れた近江の浅井長政・越前の朝倉義景は甲斐の武田勝頼（信玄の遺子）と手を結んだ。

七月、信長は十五代将軍足利義昭を追放して、室町幕府を滅亡させた。

勢いにのって翌八月、武田氏と手を組んだ朝倉・浅井攻めを再開する。大軍勢を率いて越前に進攻、義景を一乗谷で討ち滅ぼした。そして軍を返して近江の長政を、その居城・小谷城に追い込んだ。

小谷城内は殺気だった。武装した武士たちがせわしく城内の広廊下を行き来する。お市はそんな異様な光景を静かに見やりながら、幼い子どもたちを一室に集めた。そしてこう言う。「静かに、静かにしているのですよ」

小谷城を包囲した信長は妹・お市を慮《おもんばか》って長政に降伏をすすめるが、長政は受けつけない。

長政にしてみれば、これまでの経緯からして、降伏は武士の面目が立たないという思いがある。

お市もまた、長政が降伏を受け入れることはないと考えていた。仮に降伏しても自刃を申しつけられるのは明白。最期まで城に留まるであろう、と。

（この子は……）

いったい、どうなるのか。

お市は十歳になる万福丸に眼をやった。浅井家の跡取りとなる男子、兄は生かしてはおくまい。また夫も兄の手には渡すまい……。

ついにその日がやってくる。八月二十六日、二の丸にいるお市の見守るなか、信長は小谷城攻撃の火蓋を切った。

翌二十七日、羽柴（のち豊臣）秀吉の一隊が城内に突入した。長政の父親が守る京極丸と、長政の立てこもる本丸との間が遮断された。

秀吉の一隊が突入できたのは信長軍に寝返った重臣がいたからだという。

翌二十八日も激しい攻防が続くが、ついに京極丸が陥落。長政の父親は自刃した。享年七十一。また、主だった家臣らも討ち死にした。

その晩、絶体絶命の窮地に陥った長政は鎧に身をかためて、お市のいる二の丸へやって来た。

小谷城脱出

二の丸へやって来た長政は緊張した面持ちをさらに引き締めるようにしてこう言った。自分には降伏の意思がないこと、また万福丸は自分と一緒に城内に留まらせるが、そなたと娘三人は城外へ出す。生き延びよ——。

お市は長政の眼をじっと見つめながら静かに聞いていた。だが次のひと言に我に返った。「お市、何をしているっ」

お市は万福丸の運命に思いをはせていたのだろう。

「早く、支度せい」

そう言い残して長政は従えてきた家臣に万福丸を預け、部屋を出ていった。急に侍女たちがせわしく動きだす。お市の身辺はあわただしくなるが、そんな騒音はお市の耳には届いてこなかったことだろう。

いずれにしても、こうしてお市とその娘三人は城外へ出され、信長の陣に送られた。このときお市二十七歳、長女・茶々は七歳、次女・はつが六歳、三女・江はまだ生まれて三カ月ほどである。

信長軍の総攻撃が開始されたのは、お市とその娘たちの脱出が見届けられてからである。

一五七三年（天正一）八月二十九日、ついに小谷城は陥落する。長政は城内で自刃。享年二十九。

小谷城を抜け出したお市と娘たちは信長の清洲城に引き取られた。

清洲城に入ったお市は、その後の長政や長男の安否の風評を耳にする。

夫の長政は小谷城内で自刃したと耳にしたときは、果たして、そうであったかと静かに受け止められたであろう。そして琵琶湖畔の小谷城で長政とすごした九年近い歳月、静かで幸せだった日々を思い出したにちがいない。

だが自刃した浅井父子の首級の骨を、あろうことか箔濃《はくだみ》（漆《うるし》で固めた上に金・銀泥《でい》で彩色すること）にして盃《さかずき》代わりとし、新年の酒宴の席で家臣に酒を呑ませたという。その噂を耳にしたときは、静かに受け止めることなどできなかったことだろう。

また万福丸の安否を耳にしたときも同じだ。万福丸は城内で長政とともにその身を終えたとばかり思っていた。

だが万福丸は落城寸前に脱出、家臣によって越前（福井県中・北部）に逃げたが、すぐに発見され、捕らえられて関ヶ原（岐阜県関ヶ原）で磔にされたという。それをしたのは羽柴秀吉だという。

千々に乱れる心をあらわにすることなく、じっと静かにしているほかなかった。

翌年、お市とその娘三人は伊勢（三重県北部）の上野城主で信長の異母弟・信包《のぶかね》に預けられた。信包は、信長とちがい何事にもよらず温厚な人物であったという。

この秋、お市は亡き夫・長政の一周忌を内輪だけでひっそり行なっている。

この時代、夫の死後、正室や側室はその菩提を弔うため髪を切って尼姿になるのが普通だが、お市は落飾《らくしょく》（髪を切って仏門に入ること）した形跡がないという。有髪《うはつ》のままでいるのは再婚の意志があるという態度を示すことになる。

しかし、それはお市の意思というより、信長の意向だったと思われる。なぜなら、まだお市は二十七歳で、しかも美貌の持ち主である。十分に政略の道具に利用できるからである。

秀吉の懸想

越前の朝倉氏・近江の浅井氏を討った信長は、二年後の一五七五年（天正三）五月、徳川家康の援軍要請を受けて出陣、甲斐の武田勝頼を敗走させた。いわゆる「長篠《ながしの》の戦い」である。

甲斐の名門武田氏を破った信長は翌年、近江の安土山（滋賀県近江八幡市）に城を築いた。安土城である。

そんな信長のめざましい躍進を知って、お市は信長の「覇者」への道を確信したかもしれない。

実際、信長は「天下布武《ふぶ》」の旗印をかかげて、絶対者への道を突き進んでいた。壮麗な安土城を築城したのも、全国統一に乗り出すための一歩であった。

その後、信長は越前の平定などを経て、中国地方へも出兵を行なう。

この間、お市とその娘たちは信長を避けるかのようにひっそり静かに暮らしていた。

だが兄・信長の風評はむろん、家臣のそれも善きにつけ悪しきにつけ耳に届いてくる。

小谷城が陥落したあと、兄・信長は長政の支配していた北近江の経営を秀吉に任せた。秀吉は小谷城を廃棄して新しく城を築き、長浜城と名付けた。

(長浜城……)

今浜という地名を長浜に改めたのだという——。

今浜は、小谷城で暮らしていたお市の耳にはなつかしい地名である。それが秀吉によって失われた。

(また、あの猿が……)

という思いであったかもしれない。さらに秀吉は自分に懸想しているらしい。そんな風評まで耳に入ってくる。

また兄・信長の命令で、家康が正室の築山殿と長男・信康を殺害したこと(六章参照)を聞かされたときには、

「なんと、むごいことを……」

そう言って絶句、思わず末っ子の江を抱き締めていたかもしれない。身の毛もよだつ思いがする。しかし動揺をあらわにはせず、その経緯を静かに聞いていたことだろう。

今はもう娘たちの成長だけを楽しみに、時の過ぎ去るのに身をまかせていた。

またたく間に歳月が過ぎて、一五八二年（天正十）の正月を迎えることになる。

お市の願い

この年の正月、信長の居城・安土城と各地の織田一族の城との間で頻繁に行き来があり、清洲城内も落ち着きがなかった。

信長は「長篠《ながしの》の戦い」で敗走させた武田勝頼の甲斐《かい》（山梨県）へ、総力をあげて侵攻する準備をしていたからだ。

ついに二月下旬、甲斐に侵攻した信長・家康連合軍は、勝頼軍を完膚なきまでに叩いた。追いつめられた勝頼は三月十一日、天目山《てんもくさん》（山梨県甲州市）の山麓で自刃して果てた。享年三十八。

こうして甲斐源氏の名門武田氏は滅亡した。

この戦勝に清洲城内をはじめ、織田家の各地の支城内は興奮状態になる。

そんな騒ぎを耳にしたお市は、

（これで諸国の戦国大名はむろん、武将たちが兄を天下の覇者《はしゃ》と認めざるをえなくなるだろう）

乱世も終わってくれるかもしれない——。そう思ったにちがいない。

いっぽうで、聞くところによれば中国地方の毛利氏とやらが、まだ平定できていないとか。あの秀吉が毛利征伐に抜擢されたというが、手こずっているらしい——。

（あの猿が……）

顔を思い出すのさえ嫌である。だが兄の仕上げはあの男にかかっていると思うと、乱世が終わってほしいと願うお市の気持ちは、複雑なものになったことだろう。

その秀吉軍を支援するため明智光秀に出陣を命じ、信長も長男・信忠と軍を率いて出陣、みずからは手勢だけで京都の本能寺に入ったのである。

清洲会議

一五八二年（天正十）六月二日のことである。
明智光秀殿の謀叛によって信長殿、本能寺で自刃——。
続いて、
信長殿の嫡男・信忠殿、二条御所（二条城）で自刃——。
その報は、五日の夜半には伊勢上野のお市の耳にも入ってきた。
（兄上が……）

お市はとっさに、夫の長政が信長を裏切ったときの緊張感に包まれたにちがいない。自分の身はどうなるのかということより、子どもたちのことである。

このときお市は三十六歳。長女の茶々は十六歳、次女のはつが十五歳、三女の江は十歳である。

ただちに織田家の各地の武将が清洲城に駆けつけた。美濃（岐阜県中部・南部）の武将・前田玄以《げんい》は、京都二条御所で自刃した信忠の遺児、三法師《さんぼうし》（のちの秀信）を伴って入城した。

また織田家の重臣・柴田勝家は、越前北ノ庄から兵を率いて駆けつけた。

それら重臣たちによる事態収拾の会議が清洲城で開かれた。

会議では信長の後継者をめぐって勝家と秀吉が対立した。

後継者は三人いた。信長の長男の遺児である三歳の三法師。信長の次男で二十五歳の信雄《のぶかつ》（清洲城主）。それに信雄の異母弟で同じ二十五歳の三男・信孝である。

勝家は三男の信孝を推した。信孝は秀吉とともに明智光秀を討っている。また勝家は信孝の烏帽子親《えぼしおや》である。烏帽子親というのは、元服する子に烏帽子をかぶせる役で、その子の後見人のような人がつとめる。以後、親子同然の付き合いをする。だから勝家が信孝を推したのは当然であった。

いっぽう秀吉は信雄・信孝のいずれにも反対を表明し、信長の孫、すなわち二条城で自刃した信長の長男の遺児・三法師を推した。

けっきょく光秀を討った秀吉の発言力が上回り、三法師が後継者と決まった。

また、この会議では信長の妹・お市の身の振り方も論議されたのである。

再婚

清洲会議の前後、お市は信長の三男・信孝の訪問を受けている。お市にとって信孝は甥にあたる。

伊勢上野へお市を訪ねて来た信孝は、しきりに柴田勝家との再婚を勧めた。信孝に打算があるのはお市にもわかっていたことだろう。秀吉の遠謀に対抗して織田家を存続させるには勝家と手を組むのが一番。

そのためにも自分を勝家に差し出したいのだろう――。

この縁組を断れば、次は秀吉から話が持ち込まれるかもしれない、そう思って身の処置に窮したにちがいない。

（あの猿に、勝手な真似をさせたくない……）

秀吉を嫌っているお市は決心する。信孝の眼を静かに見てこう言う。

「お受けします」

信孝の眼が頷き返す。

このときお市は、かつて兄の信長が見せた眼を思い出していたにちがいない。浅井長政との縁組を言われ、受け入れる返事をしたときの信長の眼だ。そのときのお市の眼は使命を受け入れる者の眼である。今度もそんな眼をしていたかもしれない。

いずれにしてもお市は娘三人とともに、この年の秋、織田家の重臣・柴田勝家のもとに送り出される。勝家六十一歳、お市三十六歳であった。

織田家の家督相続争いで、反信長として動いた勝家が、頭を剃って信長に切腹を願い出た日から二十六年が経っていた。

私を、殺して下さいませ

お市は柴田勝家の支配する越前北ノ庄という土地を気に入ったようだ。また年の離れた勝家は寡黙で、静かに尽くすにはふさわしい相手、そう思える。

北国の冬は早く、すぐに雪に埋もれて年が明け、正月を迎えた。

その雪解けを待つあいだにも勝家と秀吉との対立は激化し、抜き差しならないものになった。

四月、ついに近江（滋賀県）で「賤ヶ岳の戦い」がおきる。

こうして勝家は秀吉軍に討ち破られるのである。勝家は越前北ノ庄城の天守に火を放ち、炎のなかで自刃した。享年六十二。

また勝家に呼応して信長の三男・信孝も岐阜城に兵を挙げるが、秀吉と結んだ異母兄の信雄《のぶかつ》に攻められ自刃した。享年二十六。

秀吉はこのとき、長浜城にいた信孝の生母と乳母《めのと》を磔《はりつけ》にしている。

勝家は北ノ庄城の落城に先立って、お市に城外へ脱出するようしきりに説得を試みたという。秀吉は信長の妹までは殺すまい、そう思ったのである。

だが、お市は承知しなかった。城を出れば、そこには嫌悪してやまない秀吉がいる。もう人質として送る人生は、せいいっぱい生きた。それに三人の娘たちも母親の手が離れても大丈夫な年頃。そんな思いだったかもしれない。

こんなことを言う。

「いまさら、あなた様を見捨てまいらせて城を出ようとは思っておりません。しかれども、娘たちを道連れにするのは哀れでございます。羽柴（秀吉）も兄の恩を受けた者、よもや悪いはからいはいたしませんでしょう」

そして嫌悪してやまない秀吉あてに書状を認《したた》め、娘たちの保護を求める。

お市は最後に勝家の眼をじっと見つめながら、こう静かに言ったかもしれない。

「私を、殺して下さいませ。しからずば、あなた様は人殺しです」

再婚したものの半年で夫を失うことになったお市は、もう静かに死にたい。そういう思いであったろう。

しかし自分はそれでいいが、娘たちの人生はこれからである。娘たちは自分で自分の道を選んで生きていってほしい。そして織田家と浅井家の血筋を後世に伝えてほしい。そんな気持ちがあったにちがいない。

お市は秀吉から保護約束の返書がくると娘三人を城外へ送り出し、みずからは勝家とともに自刃。享年三十七。

娘三人は家臣に護られて城を抜け出し一乗谷に身をひそめるが、秀吉に発見され保護されたという話もある。

近江の浅井長政のもとに二十歳で差し出されてから、およそ十七年の命である。

しかし近江で花を開いた白百合は三つの蕾《つぼみ》を残した。

三人の娘たちは以後、数奇な運命をたどることになるが、それぞれにまた花を開くのである。

第三章　茶々――浅井三姉妹の長女（豊臣秀吉の側室）

秀吉との出会い

茶々は、前章で取り上げたお市の長女である。

お市は織田信長の妹で、「本能寺の変」後、織田家の老臣・越前北ノ庄の柴田勝家と再婚した。勝家は織田家のイニシアチブを取った羽柴（のち豊臣）秀吉と対立し、「賤《しず》ヶ岳《たけ》の戦い」に敗れて越前北ノ庄城でお市とともに自刃、その身を終えた。勝家六十二歳、お市三十七歳。北国の冬が終わり、これから短い夏がはじまるという一五八三年（天正十一）四月も末のことである。お市の再婚生活はたった半年ほどであった。

落城に先立ってお市の娘三人は城外へ出され、秀吉側の本陣へ送られた。このとき長女・茶々は十七歳、次女・はつが十六歳、三女・江が十一歳である。

こんな話がある。三人の娘たちが乗る輿《こし》は付き添いとともに秀吉の本陣に着到した。輿の垂れ布を従者が開き、茶々が足を一歩踏み出したそのとき、誰よりも先に輿に近づいて来た男が、こう言う。「そのまま。そのまま――」

男は羽柴秀吉であった。付き添いの乳母《めのと》に低声《こごえ》で教えられた茶々は思わず視線を上げる。自分を見下ろしている猿のような面体の、秀吉の眼があった。

秀吉はいたく饒舌で、こんなことをまくしたてる。

「おお、姫様がた。よくぞお母上のお言いつけを聞き分けられて、おとなしゅうお越し遊ばれた。そこもとがお預かり申したからにはもう怖いことはありませぬ。したが、ここはまだ戦場《いくさば》。最前、御宿所を支度させておきましたゆえ、ひとまずそちらへお移りあって、ご休心くださるよう、よろしゅうござりまするな」

連れていかれた宿所は本陣からだいぶ離れた寺院の中であった。

秀吉はこれから越前北ノ庄城に総攻撃をかける腹積もりでいる。それだけに戦場から なるべく離しておこうと考えたのだろう。

茶々の新しい一歩

寺院の宿坊で妹たちと寝《しん》に就いた茶々がふと目覚めたのは、縁側に面した障子が白みかけたころである。

そっと立ち上がって障子を細く開けて外を見ると、一面が白い霧に包まれている。

茶々は幼いころに過ごした小谷の城を思い出したことだろう。琵琶湖が眼下に広がる小谷の城も四季を通じて霧に包まれることがあった――。

そんな郷愁を覚えているうち、母と妹たちと小谷の城を出た日のことが思い出される。母の兄（信長）のところへ行くのだという。その日、父（浅井長政）が見せた顔は、今までに見せたことのない顔であった。あとから考えれば苦渋の色を浮かべていたのだ。

父はこう言う。

「息災でおれよ」

七歳の自分は屈託なくこう返事をした。「はい、お父上さまも」

あのときもう二度と父とは逢えないなど、思ってもみなかった。

母と妹たちと城外に出ると、そこは城内と同じように騒々しく誰も彼もが普段の様子とちがっていた。男が身に着けているものも重たそうで、頭には鉢巻を巻いていた。あれが向こう鉢巻とか後ろ鉢巻だと知ったのは、ずっとあとになってからだ。

今はもう自分が置かれている立場も、城に残った母がどうなったかもわかっている。込み上げてくるものがある。

そのとき、静かになさい、という母の口癖が聞こえたかもしれない。

（……私は母上のようにはならない）

そう呟くように言い、障子をしめて振り返った視線の先に、まだ寝込んでいる二人の妹の寝顔があった――。

いずれにしても茶々は新しい一歩を踏み出すのである。

三姉妹、安土へ

三姉妹の父である浅井長政は、娘のうちとりわけ茶々を可愛がったようだ。七歳の茶々にも、それは感じ取れた。

子どもというのは大人が考える以上に親の顔色を見ている。また皮膚感覚でものごとを判断する能力に長けている。その判断力は大人が想像するよりずっと鋭いといわれる。動物的に鋭い感覚が働くのだろう。

越前北ノ庄の城を、落城寸前に抜け出して秀吉の本陣に運ばれた十七歳という多感な年頃の茶々は、初めて眼を合わせた秀吉のことが気にかかっていたのかもしれない。茶々はこう思う。あのとき見せた秀吉の眼はいつか見覚えのある眼だ——。

だが、なかなか思い出せない。

そのうち茶々たち三人は秀吉の命令で北ノ庄から南へ五里ほどのところにある府《ふ》中《ちゅう》城（城主・前田利家）に移された。そして翌年には加賀（石川県南部）に移された。

ある日の夜、夢を見る。母が父（長政）の枕辺で打ちひしがれている。父の顔はなぜか優しく微笑している。その眼が突然、秀吉に重なった。

しかし、秀吉の姿格好は父のそれとは似ても似つかない。父は精悍でりりしかった。そう思う。そう思うのだが、あのとき秀吉の見せた微笑が父の微笑に重なってしまう。

秀吉は父を殺し、兄（異母兄）の万福丸を殺した。さらに義父（勝家）を殺し、母の命まで奪った。

（憎い……）

そう思う。

にもかかわらず秀吉が自分に見せた微笑が父のそれに重なってしまう。そんな自分を嫌悪する。殺された父や母や万福丸に申し訳が立たない。

やはり私も北ノ庄のお城に残って母上とご一緒すればよかった――。

そんな思いにとらわれていたかもしれない。

その後、三姉妹は秀吉の命令で安土（滋賀県近江八幡市）へ送られたというが、諸説あって明らかではない。

いずれにしても秀吉の庇護のもとにあったのは間違いないだろう。

選んだ側室の道

茶々たち三姉妹が安土へ移送されたのは一五八四年（天正十二）という。

その安土は信長存命中のそれとはまるでちがう。安土城は「本能寺の変」で焼け落ちている。その焼け残った城郭の一角が修復され、信長の長男・信忠の遺児である三法師の居城になっていた。三法師は秀吉が推した信長の後継者である。

その年、茶々は十八歳になった。秋に、一番下の十二歳になる妹の江が尾張（愛知県西半分）の大野城主・佐治一成《さじかずなり》のもとに輿入れした。むろん、秀吉の言い付けである。一成は三姉妹の母親・お市の異母姉の子である。

次女のはつは一五八七年（天正十五）、二十歳で近江（滋賀県）高島の大溝《おおみぞ》城主・京極高次《たかつぐ》のもとへ嫁いだ。高次の母親は浅井長政の姉であるので、父方の従兄弟と結婚したことになる。

こうして妹二人は新しい人生を歩み出すが、二十一歳になる茶々の輿入れ先は決まらなかった。

じつは次女のはつが嫁いだ高次と茶々にはこんな話がある。小谷の城を出て信長のもとに引き取られた八、九歳のころ、茶々は近江の縁戚、京極高次を見知るや、兄のように慕った。そんな茶々を七つほど上の高次も可愛がった。二人の縁組は時間の問題のように思われた。

だが「本能寺の変」がおきた。そのとき二十歳の高次は明智光秀の謀叛に呼応した。そのため光秀が討ち取られると、高次は秀吉の追っ手から逃れるため行方をくらました。

翌年、高次はお市の再婚先である越前北ノ庄に姿を現わした。

お市の夫・勝家は秀吉と対立している最中である。そして「賤ヶ岳の戦い」がおこった。勝家は北ノ庄に敗走、高次は姉（龍子《たつこ》）の嫁ぎ先である若狭《わかさ》（福井県西部）の武田（元明《もとあき》）を頼った。そのときこう言い残した。「いつの日か必ずや、茶々姫とともに、近江の小谷の城を奪って御覧に入れます」

近江の城は信長が経営を任せた秀吉によって廃棄され、新しい長浜城となっている。それを奪い返すというのである。

その後、若狭の武田も秀吉に滅ぼされると、正室であった高次の姉は秀吉の側室になった。そのため弟の高次は許されて、近江高島の大溝城を与えられた。

その高次のもとに、はつは送り出された。

これを知って姉の茶々はどんな思いに沈んだことだろうか。淡い恋心を抱いていた相手が実の姉を犠牲にして城持ちになり、しかも妹のはつを受け入れる。

（この恥知らずめ……）

淡い恋心は吹き飛んでしまったことだろう。

戦《いくさ》に敗れるということは男にとっては死を意味し、女は勝者のものになるということか。私は決してなぐさみものにはならない――。

そんなふうに勝気な茶々は考えていたかもしれない。

いずれにしても茶々の輿入れ先はなかなか決まらなかった。

茶々の母・お市は「天下一の美人の聞こえありけり」と言われたそうだが、茶々は母とはちがい、美人とは言いがたい。だが豊満で健康そうな肢体の持ち主である。

そんな茶々が安土から出て京の秀吉の私邸・聚楽第《じゅらくてい》に入ったのは一五八八年（天正十六・一五八七年とも）三月で、二十二歳になっていた。

聚楽第は秀吉が造営した荘厳かつ華麗な私邸で、そこはいわば秀吉にとって「大奥」に等しいところである。

つまり茶々は秀吉の側室になる道を選んだのである。

秀吉の魂胆

妹たちの輿入れ先が決まるのに、姉である茶々の輿入れ先が決まらないことを訝《いぶか》る者がいた。だが茶々の日常の言動を知っている者は、茶々を気の勝《まさ》っているお姫様と感じている。だから秀吉の言うとおりの縁組になかなか従わないのだろう、それで遅くなっている。そう思われていた。

その茶々が選んだのが、こともあろうに仇敵秀吉の側室となる道であった。

このとき秀吉は五十三歳である。

秀吉は越前北ノ庄で眼を合わせたときから茶々を側室にすることを決めていたのかもしれない。

秀吉は茶々の母親・お市に懸想《けそう》していたといわれるが、お市は見向きもせず、秀吉に敵対した柴田勝家と再婚した。そんなこともあって、ある種の情熱が秀吉を掻きたてたのかもしれない。

だが、茶々が二つ返事で受け入れるとはさすがに思わない。また形だけの側室では気持ちが治まらない。ならば、まだ若い茶々が成熟するまでじっくり待ちながら、その間に側室の道を説得しようという魂胆が浮かぶ。それで妹たちから先に縁組を決めて厄介払いをし、茶々の成熟を待つことにした――。

あの日、自分を見上げた茶々の眼に慕わしげなやわらかい光が宿ったのを老練老獪《ろうかい》な秀吉は見逃さず、それを最大限に利用し、五年という歳月を費やして庇護《ひご》の名のもと自分を受け入れるべく手を尽くし、誘導したのかもしれない。

その間、造営に着手した京の秀吉の私邸・聚楽第が完成されていく様子も見せたりしたのだろう。

秀吉の出自《しゅつじ》は良くない。というより「下の下」である。そんな秀吉にとって貴種《きしゅ》（貴い家柄の生まれ）の姫を側室にするのは夢でもあったようだ。その点でも茶々は申し分ない。

信長や家康は側室の出自にはこだわっていない。こだわるのは同盟の担保として価値があるかどうかのときだけである。

秀吉は多くの側室を持っているが、みな貴種ぞろいだ。高名な血筋の女を周りに侍《はべ》らせれば、卑《いや》しい出自が消されるかのように考えていたのかもしれない。

いずれにしても茶々は、父母と義父の仇に身を任せることとなったのである。

茶々の魂胆

茶々は長ずるにしたがって大人の顔色を読むことができなくなったのだろうか。なぐさみものにはならない——。

そう考えていたはずの茶々の本音はどこにあるのか。初めて出会った秀吉の眼に父を重ねて、それが最後まで思慕につながったのだろうか。

あるいは妹のはつの嫁ぎ先が京極高次と知って、唯一、思い出すたび救いになっていた淡い恋、楽しかった少女時代の思い出を断ち切らざるをえなくなったとき、秀吉に近づく意を決したのだろうか。

秀吉は高次の姉を側室にしている。寝物語に高次と茶々とのことを聞き出し、あえてそうしたのかもしれない。老練老獪な秀吉なら考えられる。

そうであるなら一度ならず二度も親を討ったうえ、このやりよう。そう茶々は思うにちがいない。

やはり仇敵の秀吉を討って父母のところへ行こう――。

そう自分に言い聞かせ、秀吉暗殺の思いを胸のうちに固めたのかもしれない。

人にはその人にしかできないということがある。行為として大胆不敵。そういう意外なこと、激しいことを茶々はしようとしたのだろうか。

茶々は伯父の信長の気性と、壮烈な死を選んだ父の武将的な一面、加えて母・お市の冷徹で静かに尽くす一面を受け継いでいておかしくない。

相手が一番してほしいと思っていることを冷静に把握して、望みどおりそれをしてやる。それが自分の最大利益となるなら……。

茶々は秀吉が自分を欲していることに気づいていたことだろう。

その秀吉に疑いをもたれずに近づいて確実に殺《や》るには、その肌に触れることのできる側室という立場しかない――。

そういう魂胆で側室になったとも考えられる。

いずれにしても真偽のほどは不明である。

茶々が側室として聚楽第に入った翌月、そこへ後陽成天皇の行幸があり、五日間にわたる盛宴が催された。それほどまでに秀吉が上りつめていたのは事実である。

鶴松の出産と死

秀吉の側室となった茶々は、聚楽第のなかの館の一つを与えられる。

茶々はすぐに身ごもった。

女とは不思議な生き物かもしれない。相手が仇敵であっても、その胤《たね》を宿すと尽くすようになる。「自分の子と自分の身」を守ろうとする自衛本能なのかもしれない。

茶々の場合、いわば人質同然の、側室という保障のない身分であるからなおさらだったかもしれない。

身ごもった茶々は翌年の春、聚楽第から山城（京都府南東部）の淀城に移った。

秀吉は、今はいくら側室を置こうが、ねね（北政所《きたのまんどころ》）に責められることはない。それはまた、これまで北政所をはじめ、貴種の側室たちは秀吉の子をもうけていない。それだけに「女の館《やかた》」の秩序も保たれていた。

だが若く勝気な側室、茶々の参入によって館の秩序は崩れ始める。秀吉が新参者をあまりに寵愛したからだ。そこへきて懐妊である。

秀吉は女の嫉妬の底知れなさ、その怖さを知っていた。だから茶々を聚楽第に置いておけなかったのかもしれない。あるいは茶々自身が、同僚の嫉妬に身の危険を感じて寝物語におねだりしたのかもしれない。

いずれにしても女の身でありながら城をひとつ与えられた茶々は、この上ない満足感を覚えたことだろう。

その淀城で五月、第一子の鶴松《つるまつ》を生んだ。茶々二十三歳、秀吉五十四歳。

秀吉の喜びようは尋常ではなかった。かつて南殿《みなみどの》と呼ばれた側室が男子（石松丸）を生んだが早世している。貴種の側室はたくさんいるが、子ができない。「種なし」などと陰口をささやかれていることもうすうす感じていただろう。

生まれたのは男子、嫡子であった。秀吉は「棄《すて》」と呼んだ。棄て子はよく育つという信仰に従ったらしい。

鶴松は生後四カ月ほどでいったん生母のもとを離れ、淀城から大坂城へ移された。豊臣家の家督相続者が鶴丸であることを天下に知らしめるためである。

茶々は「淀殿」と呼ばれるようになった。そして関白・太政大臣豊臣秀吉の跡取り息子の生母としてこの上ない豪奢な生活をはじめ、側室のトップとなったのはむろん、正室をも上回りそうな権勢と地位を手に入れる。

大坂城へ移された鶴松はその後、茶々のいる淀城に戻されたが、生まれて二年後、病没してしまう。二年三カ月という短い生涯であった。

茶々の悲嘆ははかりしれず、淀城にいるのがいたたまれなくなったのだろう、大坂城に移り住んでいる。

幸せの絶頂期は懐妊から三年ほどで終わってしまったのである。

聚楽第にいる北政所や側室たちの、口には出さない思いを想像するのは容易である。

いっぽう跡目を失った秀吉の受けたショックも茶々に勝るとも劣らず、というよりもっと大きく、慟哭《どうこく》の歌を詠んでいるほどだ。

秀吉は二度と嫡子《ちゃくし》にはめぐまれまいと観念したのだろう、自分の姉の子で二十四歳になる秀次《ひでつぐ》を養嗣子《ようしし》にした。やがて関白職も譲って聚楽第に住まわせた。そして自分は茶々のいる大坂城に移って、「太閤」と称した。前関白《さきのかんぱく》を太閤と呼ぶしきたりがあるからだ。

ちなみに茶々は「淀君」と呼ばれることもあるが、これは江戸時代になってから敵である徳川氏の支配下で用いられたものだという。

秀頼の誕生

茶々は悲嘆に暮れてばかりいたのではない。まだ二十七歳という若さである。秀吉の求めを拒むこともできないし、悲嘆を断ち切るにはもう一度、自分の子を手にするしかない。そう思い至ったのだろう。

一五九三年（文禄二）八月三日、大坂城で第二子・秀頼《ひでより》（幼名拾《ひろい》）を生んだ。

このころ秀吉は第一次朝鮮出兵（文禄の役）をしており、前年四月に、茶々を同行して肥前（佐賀県）の名護屋《なごや》（唐津市）へ赴き、本陣を敷いて全軍を総督し、みずからも渡海する計画をすすめていた。

この名護屋に茶々がいつごろまでいて、いつごろ大坂城に戻ったのかは不明だという。そのせいか、茶々のお腹の子は名護屋に駐在している若い武将たちの胤《たね》ではないか、などという風評が側室たちの口の端《は》にのぼった。そのたびに秀吉の正室・北政所は、何を言うのですかと諫《いさ》めるが、口は口、心は心というように、心の内では自分でもそう思っていた節がある。

いずれにしても一五九三年（文禄二）五月、秀吉が名護屋から聚楽第にいる北政所に宛《あ》てた手紙の返書にこうある。「また二の丸殿（茶々）が身持ちになったと承った。めでたいことだ。わしは子などほしくないから、そのつもりでいてくれ。太閤の子は鶴松だったが、よそへ行ってしまったので、こんどのは二の丸殿だけの子にしてよかろうと思っている」

渡海の計画をしていた秀吉は、茶々の秀頼出産を知ると狂喜乱舞し、大坂城へ戻ってしまう。このときの喜びようも尋常ではなかったらしい。

（まさか、まさか。茶々よ、でかした！）

両手で茶々の頬をこすらんばかりに褒め上げたであろうことは容易に想像できる。

秀次の追放

大坂城に戻った秀吉はこう考える。いずれ秀頼に大坂城を譲って自分は伏見《ふしみ》城に移ろう。

伏見城は秀吉の隠居用の城として造営がはじまり、前年に完成していた。

鶴松を亡くして失意のどん底にあった五十八歳の秀吉は跡目を継ぐ嫡子を再び得ることができた。この上ない慶事で、盲愛《もうあい》のとりことなった。そして甥っ子の秀次に関白職を譲ったことが悔やまれてならない。はやまったことをしてしまったと、地団駄を踏む思いであった。その思いは秀次への怒りに変わっていく。

いっぽう茶々は正室の北政所より若く美しく、出自も良いが所詮、側室（妾）に変わりない。正室には頭が上がらない立場であるが、再び嫡子を生んだことで正室や他の側室に対する劣等感のようなものがなくなり、また秀吉にいっそう寵愛《ちょうあい》された。

だが秀吉同様、低い身分の出である北政所にしてみれば、もともと素姓のちがうことはわかっているが、正室は正室、側室は側室である。そこには厳然たる秩序がある。秀頼の誕生は豊臣家にとって慶事ではあるが、嫡子生母として権勢を振るう茶々が面白いはずがない。

また、秀次もそうである。だから秀頼が誕生しても養嗣子の立場と関白職の辞退を申し出なかったのかもしれない。秀次は聚楽第で暖衣飽食《だんいほうしょく》の生活をしており、素行も悪かったという。

いずれにしても秀吉は秀頼が生まれたあと、秀次のしていることごとくが気に障った。坊主憎けりゃ袈裟まで憎いということである。

秀次は聚楽第で遊興と女色《にょしょく》にふけっているらしいとか、「殺生関白」と呼ばれているらしいとか、さまざまな風評が秀吉の耳に入ってくる。

ついに一五九五年（文禄四）七月、秀次を謀叛の疑いで高野山に追放、自刃に追い込んだ。享年二十八。

さらに秀吉は秀次の身内にも酷《むご》いことをするのである。

茶々の不安

秀吉は甥っ子の秀次を自刃させるだけでは気分がおさまらなかった。

同時に秀次の幼い子どもたちと、妻妾三十余名を京の三条河原で公開処刑した。側室まで殺したのは秀次の胤《たね》を宿しているかもしれないからだ。まるで犬猫を殺すかのように刺し殺し、首をはねた。その屍《しかばね》を塚穴に投げ込んで土で覆《おお》い、その上に《秀次悪逆塚》という碑を立てたという。

この出来事は、人々の心が秀吉から離れていく大きな要因となった。

それを耳にしたとき、茶々は秀吉の本性を思い知ったのではないだろうか。

万福丸を殺し、父母や義父を死なせた秀吉であることをあらためて思いおこしたにちがいない。

だが茶々は、あれは信長殿の下知があったからだろう。是非もないこと。こたびのことも自分と秀頼のためにあえてしたこと。そう秀吉をかばう女に変身していたかもしれない。

茶々はあまたいる秀吉の側室はもちろん、正室さえ越える権勢と地位を得ている。自分の言うことなら何でも聞き届けてくれる秀吉。その寵愛を失いたくない。というより秀吉をもっともっと飼い慣らしたい。そういう思いに浸っていたかもしれない。

そんな茶々でも秀吉の老いを見てとっていただろう。

老いは死の前兆であり、心身に負担となる刺激がたまるほど人の忍耐力を奪い、ときに人を暴力的にさせる。

このころ秀吉は六十歳である。現代とは比較にならない心身の老いを抱えていたと考えられる。そのうえ朝鮮出兵はうまく運ばず、ようやく停戦協定にこぎつけるが、条件の齟齬《そご》で破れている。大名のなかには無謀な戦《いくさ》、無駄な浪費と考える者もいた。

こうしたことからも秀吉のストレスは尋常ではなかったように思える。

四年前の二月には、千利休が秀吉の勘気に触れて自刃に追いやられている。あのときすでに老いがはじまっていたのではないか。それに拍車をかけたのが鶴松の死かもしれない。そのあと朝鮮出兵にのめりこんでいる。秀頼誕生のときの狂喜乱舞も、じつは老いの証なのではないか――。

茶々は初めて秀吉の行く末に不安を抱いたことだろう。

（まだ、死んでほしくない……）

その不安は権勢を振るえなくなる不安である。我が子・秀頼はまだ生まれたばかりである。せめて元服するまで秀吉に生きていてもらいたい。秀頼が豊臣家の跡を継げば、生母としての権勢と地位は揺るぎないものになる。

だから鶴松を亡くし失意の中にあっても私は秀吉を受け入れたのだ――。

そう観念していたかもしれない。このころ茶々は二十九歳である。

秀吉の遺言

甥っ子の秀次一家を殺戮《さつりく》した秀吉は、京の聚楽第を取り壊した。そして三年後の一五九八年（慶長三）春三月、いわゆる「醍醐《だいご》の花見」を催す。

前年に五歳で元服させた秀頼の前途を祝う花見の宴であった。祝宴に臨んだ女房衆は三千人あまりという豪華なものである。

このとき秀頼の手を引いて現われた秀吉の足元は覚束なかった。そのあとに正室の北政所、茶々（淀殿）、松の丸殿（京極局＝京極高次の姉）、三の丸殿（織田信長の五女）、加賀殿（麻阿《まあ》＝前田利家の娘）などと、妻妾たちが続いた。

この宴のあとの五月、秀吉は病床に就く。八月、ついにこの世を去った。享年六十三。このとき茶々は三十二歳、秀頼は六歳である。

翌年正月、伏見城にいた秀頼は父・秀吉の遺言にしたがって母の茶々とともに大坂城に移った。

秀吉は自筆の遺言書を認《したた》めていた。その遺言を遵守するという誓紙を、五大老・五奉行から取っていた。

乱世を生き抜いてきた者たちにとって、誓紙がどれほどの縛りになるのだろうか。力の均衡が崩れれば、反古にしたりされたりするのは当たり前である。秀吉が知らないわけがない。それでも可愛い秀頼と寵愛する茶々を思うあまりか、信頼をおいていたとはいえない家康にも誓紙を書かせている。

老いきった者の醜態――。

そう見てとったのは家康だったにちがいない。

家康はかつて、正室の築山殿と長男が信長に謀叛を疑われ、その下知にしたがって殺害している（六章参照）。その後、七年近く正室を迎えなかったが、秀吉からその異母妹である「朝日姫」を差し出されて正室とした。だがわずか三年いっしょにいただけで朝日姫は病没した。それゆえ秀吉に縛られる義理もない。求められれば誓紙など何枚でも書いたことだろう。

とにかく秀吉の遺言によれば、前田利家は大坂城に在って秀頼の後見をし、徳川家康は伏見城に在ることが決まっていた。ほかにもいろいろ条件をつけている。

だが秀吉の遺言どおりに事は運ばなかった。北政所が逆襲に出たからである。

北政所の裏切り

秀吉没後、豊臣家内部では武断派と文治派（官僚派）の激しい対立がおきた。

武断派にすれば、まだ少年のころから戦場に出て命をかけながら豊臣家をここまでにしてきたという自負がある。朝鮮出兵でも多くの武将が現場で辛酸をなめている。だが文治派は懐手《ふところで》で、幼い秀頼を押し頂いて豊臣家を思いのままにしようとしている。見過ごすわけにいかない。場合によっては殺す——。そう考えていた。

いっぽう文治派はそんな武断派を、秀頼を楯に退《しりぞ》けて、武力を用いないで法や教化によって天下を治めようとした。

両者の主導権争いで、正室の北政所と秀頼の生母・茶々とのあいだも目に見えない抗争が激化する。

北政所は、茶々が秀頼を生んだことで自分の権威が無視されがちなことを感じていた。そこへ茶々に反感を持っている加藤清正、福島正則《まさのり》、黒田長政《ながまさ》などの武断派が頼ってきた。いずれも尾張の出身で北政所とは縁が深い。それもあって北政所は武断派を引き立てた。

また加賀殿（麻阿＝前田利家の娘）や三の丸（織田信長の五女）などの側室を引き立てて、従えた。

いっぽう茶々は同じ近江（滋賀県）出身の石田三成、長束正家《なつかまさいえ》らの文治派に肩入れし、また同じ側室の松の丸（京極局《きょうごくのつぼね》＝京極高次の姉）や、自分の乳母・饗場局《あいばのつぼね》や大蔵卿局《おおくらきょうのつぼね》などの侍女を従えた。

秀吉存命中は正室・側室の秩序もそれなりに厳格であったが、それが崩れ出す。両者の従える側室や侍女が流すさまざまの風評が行き交うようになる。

こうして豊臣家内部は分裂、崩壊の危機をはらんだのである。

そんな豊臣家内部のいざこざを知った家康は、これを利用して豊臣家の切り崩しを画策する。

家康は数々の誓紙破りをして文治派に追及されていたが、のらりくらりかわしていた。そのうち秀頼の後見である加賀(石川県南部)の前田利家が病没した。分裂した豊臣家の武将たちをなだめすかし、なんとか豊臣家の崩壊を抑えてきた大老の死である。

その影響はすぐに現われた。文治派の石田三成を嫌う武断派の諸将が、三成を殺そうとして大坂の三成邸を襲撃。危うく三成は脱出するが、こともあろうに家康に助けを求めた。その三成を、家康は居城の佐和山《さわやま》城に蟄居《ちっきょ》させた。

思いもかけない成り行きに家康はほくそえんだことだろう。

好機到来とばかり、大坂城に残っている諸将や、利家の嫡男・利長《としなが》などに圧力をかけた。威したのである。そのため嫌気のさした利長など、諸将は国元へ帰ってしまう。

今や大坂城には主だった武将はいなくなり、城内には茶々と秀頼、それに北政所しかいなくなった。

伏見城にいる家康は一人ひそかに笑っていたにちがいない。

一五九九年（慶長四）九月九日、家康は大坂城に乗り込んだ。勝負に打って出たのである。

この勝負に手を貸したのが、西の丸にいる北政所であった。家康が大坂城に乗り込んでくると、西の丸を引き払って京の屋敷に移った。西の丸を家康に明け渡したのである。その西の丸に居座って、家康は在城すべき伏見城には戻らなかった。

家康は秀吉の数々の遺言破りをしている豊臣家の敵である。そんな家康に便宜をはかったのだから裏切りといえる。

なぜ、北政所はそんなことをしたのだろうか。

家康暗殺の風評

大坂城に乗り込んだ家康は、まず本丸の秀頼と対面を果たし、そのあと西の丸にご機嫌伺いと称して足を運んだ。このとき、とてもくだけた様子を見せたという。今日は重陽《ちょうよう》の九月九日、祝日の祝いを述べに大坂城に参上したと言い、自分が参上するのを快く思わぬ者たちも少なくない、などと苦笑する。さらに、自分を殺そうと企む者たちがいるとかで家臣どもが引き止めるのを押して参上したしだい――。

そう言って首謀者の名を挙げて北政所を見つめる。

（やはり……）

家康はご機嫌伺いなどに来たのではない。暗殺をめぐる風評を私の耳に入れ、出方を見たかったのだ。そう北政所は思う。なぜなら家康の言う暗殺計画の首謀者というのは北政所とは縁の深い加賀の前田利長らであったからだ。

北政所は素早く反応する。

「そのような噂が流れるのも、私の力足らずゆえ。私は近く、ここから立ち去りたいと考えております」

そう言って家康を見て、さらにこう言う。家康殿には秀頼殿の御後見として、故大納言利家殿にかわり、大坂城へ詰めていただきたいものです――。

すると家康は、さっと席を後退《あとず》ってこう言う。「かたじけのうお言葉でございます」

北政所は家康暗殺の風評が本当なら、それを流したのは側室の茶々一派と見ている。自分がここにいては首謀者とされた利長らに危難が降りかかる。ひいては自分にも火の粉が飛んでくる。家康は口実さえあれば、どんなことでもする――。そう慮《おもんぱか》る。

また家康からは何か抵抗し難い凛《りん》としたものが放たれている。まるで謀叛をおこした光秀を討って清洲から帰ってきたときの秀吉のような勢いが感じられる。

逆らっても詮《せん》無いこと――。そう観念したようだ。

いずれにしても家康は大坂城西の丸を拠点として最大利益を上げるべく、思案をめぐらすのである。

家康の博打

その後も家康はちょくちょく京の屋敷に引き移った北政所を訪ねた。彼女が引き立てている武断派を引き込もうという打算があってのことだ。

そんな家康の思惑を北政所は見抜いている。だが、もう時勢がちがう。引き込まれてもよい。秀頼や茶々も、そうすべきだ。それが豊臣家のためになる――。そう考えていたようだ。

今や東海・関東を支配する大大名である家康の、武断派に対する懐柔は成功する。

翌年五月、ついに家康は行動をおこす。大坂城・西の丸を出て伏見城に戻った。

翌月、「天下に争乱をおこす逆賊を討つ」という口実のもと、家康は諸大名を大坂城に集めて上杉氏討伐の軍議を開き、討伐を七月下旬と定める。

とはいえ本気で上杉氏を討ちにいく気などない。

秀吉没後、豊臣家をなし崩しに潰していくことを謀っていた家康は、最後の仕上げにかかったのである。

徳川のあからさまな豊臣潰しとは思わせたくない。そこで家康はこう考えたようだ。会津攻めに下向すれば、畿内（京都周辺の国々）は手薄になる。そうなれば反徳川の筆頭、文治派の石田三成は佐和山城を出て、必ず大坂城に入って来る。茶々・秀頼母子の側近と謀って、自分を「逆臣」呼ばわりするだろう。そして秀頼を押し立てて、中国地方の毛利氏や宇喜多氏を担ぎ出し、「家康追討」の兵を挙げるにちがいない。そのときこそ反転して大坂攻めをし、豊臣家の武断派を中心としていっきに三成を討つ――。

つまり三成派対反三成派の戦い、あくまでも豊臣家に仇をなす逆徒を滅ぼすという口実で戦うことにし、豊臣家の自壊を企んだ。その上で天下を掌中に収めようというのである。内紛による自壊のほうが、あとで茶々と秀頼を利用するにも得策である。また費用対効果も最大である。

だが反転するときが問題であった。大坂城を攻めるということは秀頼に刃《やいば》を向けるに等しい。豊臣家恩顧の武将たちが反転に従うか。また三成が挙兵するかどうか。いわばこれは博打であった。

六月、家康は勝負に打って出る。諸将の軍勢を率いて伏見城を発ち関東に向かった。

七月、江戸城へ入城。しかし未だ三成挙兵の報せが入ってこない。下旬には下野小山《しもつけおやま》（栃木県小山）に軍を進めた。

この小山で、ようやく三成挙兵の報せを受け取る。そして諸将を率いて反転、大坂へ向かった。

九月、周知のように「関ヶ原の戦い」がおきて、家康は博打に勝つのである。

運も才能のうち

家康が反転できたのも、また勝てたのも、家康の誘導の仕方が老練だったことは否めない。だが運も才能のうちというが、運が大きく味方したのである。

まず反転だが、三成挙兵の情報を得た翌日、諸将を集めて軍議を開いてこんなことを言う。「いずれの諸将も妻子を大坂城に残しておられるので、さぞ気がかりなことでござろう。この陣を引き払って大坂へ上られても、そこもとは恨みには思いませぬ」

これに対して最初に名乗りを上げたのが、会津の上杉を裏切って秀吉に寝返ったが重用されず、鬱屈していた上条政繁《じょうじょうまさしげ》という武将である。

家康に取り入るように、こんなことを言う。「三成が妻子を奪うというなら、一戦交えるも、妻子の恨みをかうはずがなく、世のそしりを受けるはずもない。人はともあれ、それがしは先手を引き受け、討ち死に遂げるべし」

次に豊臣家の看板的な武将、武断派の福島正則が名乗りを上げ、「かかるときにこそ、妻子に引かれて武士の道を踏み違《たが》えてはならない」

と声高に言い、三成との一戦を辞さないとした。最大の兵力を持つ正則の発言だけに、あとはわれもわれもと名乗りが上がり、三成打倒で衆議は一決、反転できた。

もし最初に名乗りを上げた者の発言が、大坂攻めは秀頼に刃を向けることになるのではないか、などというものだったら、紛糾したにちがいない。

次に「関ヶ原の戦い」の勝利だが、これは周知のように小早川秀秋《こばやかわひであき》の裏切りがあったからだ。秀秋は北政所の甥っ子である。

秀吉の養子となって、のち小早川家へ養子に出された。北政所は大坂城の西の丸を家康に明け渡して便宜をはかっている。かねてから甥っ子の秀秋にも寝返るよう命じていたといわれる。逡巡したものの叔母の命令には逆らえなかったのかもしれない。

小早川秀秋が裏切らなかったら、家康は勝利できなかったはずである。

茶々の不義密通

「関ヶ原の戦い」に勝利した家康は、五大老筆頭という立場で、西軍に与した大名の領地を没収、東軍の大名、武将たちに与えた。

家康のこうした処置に、時勢にさとい朝廷や公家、それに豪商たちがこぞって大坂城西の丸に腰を据えた家康のご機嫌伺いにやって来る。

本丸にいる茶々・秀頼母子はまるで無視された存在であったようだ。

この「関ヶ原の戦い」で目立った動きをしていない茶々は、それ以前に「家康暗殺」を計画したという。こんな風評が流れた。茶々は豊臣家の大老前田利家の子、利長と夫婦になろうと密通した。家康に威《おど》され、大坂城を引き上げるしかなかった利長と組んで家康を暗殺するらしい――。

また茶々の乳母の子・大野治長《はるなが》（通称は修理亮《しゅりのすけ》）と不義をしたという。治長は豊臣家恩顧《おんこ》の武将であるが、「関ヶ原の戦い」では家康について、のち再び秀頼に仕えた武将である。

さらに家康の正室となるとか、さまざまな風評が流れた。

不義密通はお家のご法度《はっと》。大名の妻たちは人質として差し出されたものと受け止められている。それゆえ不義密通は反逆とみなされ、死を意味する。側室といえども同じだ。

勝気な茶々は、行為として大胆不敵である。だが我が子秀頼の安泰のために有力大名と結びつこうと不義密通したというのは、どうか。

秀吉に信頼され寵愛され、秀頼を生んで権勢を振るう茶々に、とかくの噂が流れたのは、秀吉の晩年から孤閨《こけい》をかこっていたことを利用されたのかもしれない。北政所の動きから家康の策動を感知した茶々を、みずからの手を汚さずに亡き者にするために流された風評だったとも考えられる。

反逆の疑いをかけられた茶々が豊臣家の重臣によって自害に追い込まれれば、得をするのは誰か――。

いずれにしても茶々にとって、とんでもない風評被害であったにちがいない。

面従腹背《めんじゅうふくはい》

「関ヶ原の戦い」のあと、豊臣家は大坂城主という一大名（六十五万七千石）に転落した。このとき茶々は自分と秀頼の将来に不安を感じたにちがいない。

だが家康は豊臣家に臣従を強制しなかった。自分は「天下の家老」、秀頼様の後見役、補佐役という神妙な態度をとり続けた。むろん、家康の巧みな面従腹背というものである。

「関ヶ原の戦い」から三年が経った一六〇三年（慶長八）二月、家康は征夷大将軍に任じられる。事は家康の腹案どおり運んでいた。

このとき茶々は歯軋《はぎし》りするほど悔しがった。だが豊臣恩顧の大名たちにこんなふうに諫《いさ》められる。これは秀頼様が関白になるまでの一時的な措置であろうと考えられまする。秀頼様がまだ幼いので、成人するまでのつなぎとして家康が将軍職に就き、政権を預かろうと考えてのことでござりましょう。亡き太閤様とは誓紙まで交わされておりますれば……。

茶々は納得する。

江戸に幕府を開いた家康は同年四月、十一歳になる豊臣秀頼を内大臣に昇進させた。そして七月には孫娘の千姫を大坂城に輿入れさせた。すなわち豊臣家（秀頼）に差し出したのである。千姫は秀忠（家康の三男）と江（茶々の妹）のあいだに生まれた長女で、まだ七歳である。

茶々は、これで徳川と豊臣は誼《よしみ》が深くなり、友好関係が維持されると安堵したことだろう。また二代将軍職には我が子秀頼が就くことになると期待もしただろう。すでに家康は六十二歳であったので、なおさら期待し、あと四、五年くらい辛抱すればと考えていたようだ。

そんな茶々に家康は二年後、最後通牒を突きつける。将軍職を二十七歳になる三男の秀忠に譲って自分は隠居、大御所となった。

ここにきてようやく茶々は、家康が政権を豊臣家に返す心積もりがないことに気づいたようだ。

(おのれっ、家康……)

煮え湯を飲まされた思いであったにちがいない。

とはいえ複雑な気持ちでもあったことだろう。二代将軍職に就いた秀忠の正室は幼いころから苦楽を共にしてきた妹の江であるからだ。妹の慶事は姉にとって喜ばしいこと。

(もしや、そこまで家康は読んでいたのか……)

茶々は表立った行動をとれなかった。

このとき茶々は三十九歳、妹の江は三十五歳である。江は三度目の結婚であった(四章参照)。

さらに家康は茶々を追いつめる。大坂城の秀頼に江戸への下向を求め、新将軍秀忠にお祝いの言葉(賀詞《がし》)を述べるよう使者を遣って促した。臣従のすすめである。

茶々の反発

家康は政権を豊臣家に譲るなど、これっぽっちも考えていない。はじめから潰そうと遠謀をめぐらしている。

茶々は家康の神妙な面従腹背を見抜けず、見通しを誤ったといえる。

新将軍の秀忠に祝意を示すべきだと遣わされて来たのは、今は切髪《きりかみ》して高台院《こうだいいん》と称している北政所であった。ちなみに当時、未亡人になると出家の意味で切髪し、○○院と称した。側室もそれをするのが普通だが、茶々はしていない。しないのは再婚の意志があるということだ。

尼姿の高台院は、茶々にこんなことを言う。あなたの心中はお察ししますが、賀詞を差し上げに行かれたほうが秀頼様のためになる。もうご時世がちがいますもの——。

その眼には笑うような色が見える。そして意地を張り続けるのなら、それもけっこう、といった様子である。

秀吉の正室だった身でありながら豊臣家を裏切り、家康の傀儡《かいらい》になった北政所をまざまざと見せつけられた思いで、心底から怒りを覚えたことだろう。

これは明らかに豊臣家を臣従させる意図である。茶々は激しく反発、きっぱり拒否した。もしも強いて江戸入りを求めるなら、秀頼をわが手にかけて自害もいとわない。

そう言い放ったという。

茶々は、秀頼こそ天下の主だという誇りを持っている。卑屈に生きるより、誇り高い死を選んで我が子ともども父母のもとへ行こう――。そう思ったのだろう。

この激しさは、叔父に当たる信長の気性を受け継いでいたのかもしれない。

いずれにしても、家康との関係は誼を通ずるどころではなかったのである。

方広寺鐘銘事件

一六一一年（慶長十六）三月、家康は大坂城の秀頼に上洛を求めてきた。難色を示した茶々は、このとき呪術者にその可否を占わせたという。けっきょく、十九歳の秀頼は京都二条城で家康と対面する。

家康は成年になった秀頼を見てこう思う。浅井長政を祖父とし、秀吉を父とし、さらに織田信長を大伯父に持つのに似つかわしい武将に育ったものよ――。

若い秀頼の前途は洋々である。それに引きかえ家康はすでに七十歳という老いの突き当たりにある。いつどうなるとも知れない。家康は思案をめぐらせる。秀頼に優れた軍師がついたなら、豊臣家の天下を唱えるにちがいない。そのつもりで豊臣家恩顧の外様《とざま》連中も、自分の死を待っているのではないか――。

このとき四十五歳の茶々も、我が子に期待をかけていたことだろう。

家康は自分の老い先を、こう考えていたようだ。朝廷はどうみても徳川よりも豊臣を贔屓《ひいき》している。自分が死ねば、朝廷は秀頼を関白に叙任するかもしれない。さすれば関白秀頼と将軍秀忠という二大権力の争いがおこり、再び戦乱の世となろう。ならば自分の目の黒いうちに豊臣は潰しておこう——。

たった二年で将軍職を秀忠に譲ったのは、その含みもあったからだろう。

その後、家康は目立った動きをしていない。だが鵜《う》の目鷹《たか》の目で豊臣方の隙《すき》をねらっていた。口実さえ見つけ出せば何でもする家康である。

一六一四年（慶長十九）七月、いわゆる「方広寺《ほうこうじ》鐘銘《しょうめい》事件」がおこる。

秀頼が亡父秀吉の造営した方広寺大仏殿（京都市東山区）を再建した。その梵鐘《ぼんしょう》に《国家安康》の文字が入っていた。

千載一遇の好機——。

家康はただちに動いた。「家と康」を切り離したのは家康の身首両断の呪詛《じゅそ》をしているものだと強く抗議。次いで茶々の江戸への移住か、秀頼の国替えを迫った。

つまり茶々を人質として差し出すか、大坂城から他の領地へ移るか、どちらかを選択せよというのである。

（ついに本性を見せた……）

豊臣家に臣従を強いてきた。そう茶々は受け取ったことだろう。むろん秀頼はこれを拒否した。

するとさらに家康はただちに全国の大名に陣触《じんぶ》れ（出陣命令）を発した。

こうして大坂冬の陣がおこるのである。

大坂の陣

幕府（家康）の発した陣触れに応じた軍勢はおよそ二十万。秀頼方は島津氏などに援軍を要請したが応じる大名がなく、馳せ参じたのは一旗揚げようとする牢人《ろうにん》（浪人）などばかりで十万余り。

しかし堅固な造りの大坂城を幕府軍は攻めあぐんだ。そこで家康は、イギリスから買い入れていた鉄の球を飛ばす大砲を大坂城に打ち込んだ。

鉄の球が城の本丸の柱を吹っ飛ばした。驚愕する大坂城の面々。とりわけ茶々や秀頼は震え上がった。

秀頼は二十二歳になっていたが、実戦の経験は初めてである。また暖衣飽食になれ、いたずらに肥満していたという。十万の将兵を統御する器量も欠いていた。身辺に軍師といえる者もいなかった。

茶々はようやく、時勢を感じたのかもしれない。

同年十二月、両者は講和する。

この講和のさい、茶々は大坂城を出るのを条件に四国への転封を求めたが、拒絶された。もう遅かったのである。家康の講和条件は、大坂城三の丸の外堀を形式的に埋めるというものであった。

にもかかわらず、これを無視して二の丸の櫓《やぐら》や屋敷を崩し、その土材で内堀までも埋めた。

これで戦略的に有利な立場を固めた家康は、さらに翌一六一五年（慶長二十）、大坂方が集めた牢人の追放と、秀頼の大和（奈良県）か伊勢（三重県北部）への国替えを迫った。

（なんと、家康め）

約束を破ったうえ軍隊を解体し国替えをしろというのか――。

とても呑める条件ではない。

同年四月、再び一戦交えることとなった。

こうして「大坂夏の陣」がおこる。

外堀・内堀を埋められた大坂城は言ってみれば裸同然で、大坂方の形勢はとても不利であるが、それでもあえて抵抗した。行為として大胆不敵、それがここで再び発揮されたのだろう。

だが徳川方から交渉の申し入れがあり、大坂方はそれに応じて茶々・秀頼母子の助命依頼をかねて、秀頼の正室・千姫を大坂城から送り出す。だが母子の助命に対する返事はこなかった。

大坂方の士気は高く、善戦する。しかし所詮、多勢に無勢。そのうえ内通者が出て城内のあちこちに火が放たれた。

本丸の櫓を取り巻いていた徳川方が、その高窓から這い出てくる白い煙を見ているうちに炎が噴き出す。見る見るうちに燃え広がっていく。

こうして大坂城は紅蓮の炎のなか落城する。茶々・秀頼母子は自刃。茶々四十九歳、秀頼二十三歳であった。

この落城に先立って大坂城を脱出した千姫はこのとき十九歳である。二代将軍秀忠と茶々の妹・江とのあいだにもうけられた長女である。

夫・秀頼を、父（秀忠）と祖父（家康）に殺されたに等しい千姫のつらい上になおつらい人生の、これが始まりである。

第四章　江――浅井三姉妹の末っ子（徳川二代将軍秀忠の正室）

十二歳の初婚

江は浅井三姉妹の一人、茶々の一番下の妹である。

江には父の面影がちらつくことはない。最初の悲劇が訪れたのは一五七三年（天正一）八月のことで、まだ生まれて三カ月ほどのことだからだ。父である浅井長政の居城・近江の小谷城が落城、そのとき母のお市と姉たちに連れられて城を落ち延びた。長ずるにしたがって父は母の兄・織田信長によって殺されたことを知る。

こんな話を聞いたかもしれない。落城の三日前、信長は父に対し、やむなく敵対することになったが、義弟でもあるし、遺恨には思っていない。小谷城を明け渡せば悪いようにしない、と申し入れてきた。けれども父は拒否した——。

父は母にこう説いた。信長の妹ゆえ悪いようにはされまい。娘たちと生き延びて浅井家の菩提を弔ってくれ。

それで自分たちは城を抜け出て信長のもとに引き取られた——。

父に死別した江に次の悲劇が訪れるのは十歳のときである。

一五八二年（天正十）六月、明智光秀の謀叛、「本能寺の変」がおきて、母の兄・信長が自刃した。母のお市は自分たちの行く末を案じる。だが光秀はただちに羽柴（のち豊臣）秀吉によって討たれた。安堵したのも束の間、織田家の家督相続問題を端緒に内部対立が生じ、秀吉と老臣・柴田勝家が抗争する（三章参照）。

その後、母のお市は勝家との再婚を決め、その年の暮れ、勝家の領国・越前北ノ庄に行くが、翌年（天正十一）四月、秀吉によって北ノ庄城を落とされた。

母のお市は炎々たる猛火のなかに身を置いて義父・勝家とともに自刃した。

この落城に先立って娘たち三人はお市のはからいで城外へ連れ出され、秀吉側の本陣へ送られた。

子どものいない秀吉にとって三人の娘は、政略の格好の道具になる、そう思えたことだろう。

江は姉たちと一緒に秀吉の命令であちこちに預けられるが、最終的には安土（滋賀県近江八幡市）へ送られた（不明とも）。一五八四年（天正十二）三月のことだという。

この年、まだ十二歳の江は尾張（愛知県西半分）の大野城主（五万石）・佐治一成《かずなり》のもとへ送り出された。このとき一成は十六歳。二人は従兄妹《いとこ》同士になる。

佐治一成は織田信長の次男・信雄《のぶかつ》の家臣であった。

この縁組はしかし、長くは続かなかったのである。

破綻の原因

縁組はその年のうちに破綻した。一年も続かなかった。当の秀吉によって壊されたからである。その経緯はこうだ。織田信長死後、秀吉は当面の敵である柴田勝家を倒して織田家のイニシアチブをとり、織田家を奪いとる動きを見せた。そんな秀吉に対抗しようと徳川家康は信長の次男・信雄《のぶかつ》と手を結んだ。信雄もさすがに秀吉の動きに我慢がならず、同じような思いになっていたからだ。

両者は江が佐治一成に嫁いだ一五八四年（天正十二）三月、秀吉を相手取って尾張（愛知県西半分）の北西部（名古屋市北方）で「小牧・長久手の戦い」をおこす。

だが、なかなか勝敗がつかず長期戦になった（一章参照）。この長期戦の途中、家康はいったん三河（愛知県中部・東部）に兵を引き、大野川を渡ろうとするが、渡し舟がない。難渋しているところへ大野城主の佐治一成がすすんで舟を出した。

家康はそれこそ渡りに船とばかり深く感謝したことだろう。

このことを知った秀吉は、一成が家康に加担したと激怒し、江を大野城から大坂城へ呼び戻す一計を案ずる。茶々が大病を患い妹の江に会いたがっている、とあざむいた。

報《しら》せに驚いて大坂城に飛んで帰ってきた江を、二度と大野城へは戻さなかった。一成から江を取り上げたのである。

秀吉は、

「佐治は予の相婿《あいむこ》とするには足りぬ男なり」

そう言い、一方的に二人の縁を切ったという。

縁を切られた佐治は秀吉を恨むが、どうすることもできない。剃髪して「清哉入道《せいさいにゅうどう》」と称し、出家、遁世《とんせい》した——。

だが、真偽のほどは不明である。

また一説によると、茶々が秀吉の子・鶴松を生んだことが原因だという。それによれば、江は秀吉の世継ぎの叔母になる。ならば江の夫もそれにふさわしい人物でなければならない。次女のはつが嫁いだ京極家も鎌倉時代から続く名家である。それに比べても佐治の家格は劣る。秀吉は、鶴松の周囲を貴顕《きけん》で固めようと、江を佐治のもとから引き上げた——。

だがこの話にも問題がある。茶々が鶴松を生んだのは一五八九年（天正十七）五月、また、はつが京極高次と縁組したのは一五八七年とされている。

となれば江の縁組と破綻が一五八四年なのだから、辻褄が合わなくなる。ここにやっかいな問題がある。お市や三姉妹の生年に諸説があるように、それがはっきりしない上、いつ正式に正室や側室として送り出されたのか、正確にはわからない。というのが歴史的には正確な言い方のようである。とりわけ女性の場合、記録にないものが多く周辺の史料から推測するしかなく、妥当なところが通説となる。

「小牧・長久手の戦い」はその年の十一月、講和が結ばれたことはすでに述べたとおりだ。

いずれにしても、江の初婚は一年ともたなかったのである。

二十歳の再婚

江が再婚するのは、それから八年後の一五九二年（文禄一）二月である。このとき二十歳である。

この間、次女のはつが一五八七年（天正十五）、二十歳（十八歳とも）で京極高次と縁組をしている。また一番上の姉、茶々は一五八八年（一五八九年とも）三月、二十二歳で秀吉の私邸・聚楽第《じゅらくてい》に入って秀吉の側室となっている。

江の再婚相手は二つ年上の岐阜城主・羽柴秀勝《ひでかつ》（秀吉の姉の子）であった。

このとき江はいったん秀吉の養女となり、秀吉の娘として秀勝のもとに送られ、正室となっている。

だが、江と秀勝の再婚生活もあっけないものに終わる。

このころ秀吉は「朝鮮出兵」にのめりこんでいた。秀勝も秀吉の下知《げち》に従って出陣、肥前（佐賀県）の名護屋（唐津市）から渡海するが、朝鮮・唐島《からしま》（巨済島《きょさいとう》）で病没してしまうのである。この再婚生活は半年にも満たなかった。だが、このとき江は身ごもっていて、秀勝の死後、娘（完子《さだこ》）を生んだ。

それを知った秀吉は、江の生んだ娘をいったん茶々の養女にし、それから摂家《せっけ》の九条幸家《ゆきいえ》と縁組させた。公家社会に姻戚関係を築くためである。のちに完子は摂政となる道房《みちふさ》を生む。

それはさておき、未亡人となった江は、秀吉が隠居城として造営した伏見城に入ったようだ。

江は武将の娘として生まれ、武将の妻として二度、秀吉のもとから送り出され、結婚したが、二度とも幸せを感じるどころの生活ではなかった。

二度の落城経験。二度の結婚では、夫に生別と死別。

いっそ切髪をして尼になりたい——。

そんな思いに沈むこともあったにちがいない。

だが秀吉が許さないことはわかっている。自分はまだ二十一歳と若い。政略に利用するには使い勝手がいい。

それに姉の茶々は鶴松を失ったあと、二人目の子・秀頼という太閤秀吉の世子に恵まれている。秀頼と自分は甥・叔母の関係になる。

叔母の出家、遁世などもってのほかであろう――。

そう思う。味気なく出口のない日々が続く。

いっぽう姉の茶々はますます秀吉に寵愛され、嫡子の生母となって権勢と地位を確固たるものにしていた。亡父・浅井長政の菩提を弔うため、養源院《ようげんいん》を京に建立したり、その前には父親の十七回忌、母親の七回忌の追善供養を行なったりしている。

姉が秀吉の側室となったと知ったとき、父の仇敵である側室の道を歩くなんて、と心のうちで反発した。だが思えば姉はその道を避けられないと知って覚悟の上で歩き出し、歩きながら着実にひとつひとつこなしている――。

そう思う。

（それにひきかえ、私は……）

おそらくそんな日々が続いていた江へ、果たして三度目の縁組が持ち上がったのである。

決意

江の三度目の結婚相手は徳川家康の三男・秀忠であった。

一五九五年（文禄四）九月十七日、二人は伏見城で結婚した。この年、江は二十三歳、秀忠は十七歳である。

秀忠は家康の側室・お愛が生んだ子であった。家康が能役者の邸宅で見初めて召し出し、浜松城で生ませた子である（詳しくは六章参照）。幼名を長丸《ちょうまる》という。長丸は十二歳の正月、聚楽第で秀吉に謁見したさい、元服式をあげてもらい、そのとき秀吉の秀の一字をもらい、秀忠となった。前年の十一歳のとき、生母・お愛を亡くしている。享年二十八（三十八とも）。

秀忠には母親の記憶がくっきり脳裏にあるにちがいない。

いっぽう江はすでに二回結婚し、子どもも生んでいる。そんな江にとって六歳も年下の秀忠は自分の子どものように思えたであろう。

（子どもと一緒になれと……）

そう思ったにちがいない。

（行きたくない……）

だが秀吉の打算が見え透くだけ、逆らっても無理だと思う。

　このころの秀吉は家康の存在が気になって仕方なかった。豊臣と徳川の力の差は歴然としているが、家康の臣従はうわべだけのように思える。

（あやつはいつ、刃《やいば》を向けるか知れたものではない……）

　そんな疑念と脅威を抱いている。

　秀吉は「小牧・長久手の戦い」で苦戦したあと、異母妹の朝日姫を家康に差し出し、それを家康は受け入れた。その後も秀吉は老母（大政所）を送り出して、ようやく家康に臣従の態度を示された。のちに大政所は秀吉の許《もと》に戻されたが、朝日姫はわずか二年ほどで母親（大政所）の病気見舞いを口実に入京、そのまま秀吉の私邸・聚楽第にとどまり、翌年病没していた。つまり家康との縁はもう切れている。だから臣従しているとはいえ、今ひとつ誼《よしみ》を通じないと家康の脅威が消えない。

　家康との縁を深めるため自分を秀忠のもとへ送り出すのだ――。

　そう、江は思う。

　この時代、縁組という名のもと人質として相手方に差し出されると、婚家ではなく実家のために働くのが常識である。

　秀吉の養女となった江の実家は豊臣家になる。その豊臣家の利益代表として徳川家に行くのであるから、常に周囲に気を配り、徳川の動きを嗅ぎとって情報の収集をする。それを分析して、報《しら》せるべきものがあれば豊臣に報せる。

だが二度も政略に使われて、そのはかなさを味わっている。

もうこの縁組を最後にしたい——。そう思う。

ならば、どうするか。

家康という人間は恐ろしい……。今でも覚えている。あれは、母（お市）と姉たちといっしょに伊勢上野の城に預けられていた七歳のころであった。城主の信長殿の弟・信包《のぶかね》殿からだったか、家康が築山殿《つきやまどの》母子を殺害したことを聞かされた母は、

「なんと、むごいことを……」

そう言って絶句した。殺害を命じたのは母の兄、信長殿である。

あれ以来、母は信長殿を避けるようになった——。そう思う。

政略のためには自分の妻子をも殺す家康。そんな男のいる徳川家に出される。

どうするか。

自分の置かれている立場を冷静に把握し、現在のためでなく将来のために何をすれば良いのか。

ならばもう豊臣家の捨て石にはならず、徳川家を終《つい》の棲家《すみか》としよう——。

そう意を決し、江戸へ下っていったように思える。

なぜなら夫・秀忠との夫婦生活を見ていると、徳川家の女になりきろうとする姿勢が読み取れるからだ。

また「大坂の陣」のさいには姉の茶々との肉親の情にひかされることなく、徳川家の一人として、その行動に従うからだ。

捨て身の覚悟ほど強いものはないのである。

二男五女を生む

一五九七年（慶長二）、江は長女・千姫を生んだ。徳川家に差し出されて二年後のことだ。このとき江二十五歳、秀忠十九歳である。

千姫を生んだ翌年、秀吉が没した。江は頸木《くびき》から脱した思いだったにちがいない。豊臣家の捨て石にはなるまいという意思をさらに強くしたことだろう。

江は千姫をはじめとして、秀忠とのあいだに三男五女、八人の子女を矢継ぎ早にもうけた。ただし最初の男子は早世した。一六〇七年（慶長十二）に、最後の五女・和子を生んだとき、三十五歳である。

江は二十歳で再婚して一女を生んでから、十五年間に九人を生んでいることになる。江は徳川家の女になろうと励んだのではないだろうか。

最初、続けざまに女子が三人生まれ、次も女子であった。嫡子《ちゃくし》を生みたい、そんな気持ちにせかされるかのように長男を出産するが早世してしまい、次に次男・竹千代《たけちよ》（のちの三代将軍家光《いえみつ》）を生む。その二年後、三男・国松《くにまつ》（のち駿河大納言忠長《ただなが》）を生んだ。

この間、「関ヶ原の戦い」があり、東軍の家康が勝利。姉のはつの夫・京極高次は西軍に加担したため城を明け渡し、高野山に蟄居した。のちに許されて若狭（福井県西部）を与えられた。翌年、はつと高次はキリシタンの洗礼を受けている。

一六〇三年（慶長八）、徳川家は江の長女・千姫を、茶々の子・秀頼に差し出した。豊臣方を懐柔するために行なわれた縁組である。このとき千姫七歳、秀頼十一歳である。豊臣家は「関ヶ原の戦い」に敗れて六十余万石の大名に転落していた。この年に江は四女（初姫）を生むが、生まれてすぐ姉のはつ・京極高次夫妻の養女に出している。

翌年、待望の男子・竹千代が生まれた。その乳母《めのと》にお福《ふく》（のちの春日局）がなる。

そして一六〇五年（慶長十）四月、夫の秀忠が二代将軍職に就いた。このとき秀忠二十七歳、江は三十三歳になっていた。

こうして江は将軍正室となり、また将軍継嗣の生母となって大奥のトップに立ち、権勢と地位を固めたのである。

翌年には三人目の男子・国松を生んだ。この時点で計七人の子女をもうけているが、のちに一女を生んで三男五女の母となる。

やがて「大坂の陣」がおこり、茶々・秀頼母子以下三十数人が自刃、豊臣家は崩壊する。茶々四十九歳、秀頼二十三歳であった（詳しくは三章参照）。

江と茶々の違い

江の夫・秀忠が二代将軍職に就いたとき、姉の茶々は大いに失望、落胆した。将軍職は我が子・秀頼に譲られると思い込んでいたからだ。徳川家が千姫を豊臣家に差し出したのも、その含みがあると、信じられたのだろう。

（江が将軍の正室に……）

それに引きかえ自分は秀頼の生母とはいえ、豊臣家に政権が戻らなければ一大名の側室にすぎない。天下を手にして乱世を終わらせた秀吉の老い先は短い。そう思い、側室になって尽くしてきたのは何のためだったのか。我が子を生んで、我が子に天下を継承させる。そのためではないか。家康は我が子の後見役だったはず、それが……。

茶々の心は千々に乱れたことだろう。

豊臣方では、家康を「天下の家老」と見ていたのである。つまり秀頼の後見役、補佐役と受け止めていた。

姉は家康の真意を読めず、また時勢を読めず、見通しをあやまった。そう江は思う。秀吉はまだ乱世が終わったと見ていなかった。だから私を家康のもとへ差し出し、秀忠と縁組させたのだ――。

家康も同じだ。天下の主を目指して時期を待っていただけで、秀吉没後から豊臣家潰しを画策している。「本能寺の変」で信長が倒れたあとでも、家康は勢威を増大する秀吉に対抗、信長の次男・信雄《のぶかつ》と組んで戦いをおこしている。その後は秀吉に臣従したかのように神妙に振る舞っていただけで、戦い方を変えたにすぎない。秀吉が一応、天下を平定、乱世を鎮めた。これまでのような戦い方を繰り返せば再び、殺《と》った殺《と》られたの世界に戻るだけで、収拾がつかなくなる。勝っても負けても被害は少なくない。

ならば被害を最小にして、最大利益を上げるにはどうしたらよいか。

豊臣家の内部分裂に目をつけた家康は、秀吉の正室・北政所と武断派を引き込み、石田三成ら文治派と戦わせて豊臣家の自壊を誘う。

その画策に成功したのが、あの「関ヶ原の戦い」であることを姉はわかっていないらしい——。

そう、江は思う。

豊臣家は大名に転落したが、嫡子・秀頼がいる以上、いざとなれば豊臣家恩顧の武将たちは徳川ではなく豊臣につくかもしれぬ。まだ終わっていない戦国の世にあって確実に天下人、覇者になるには慎重の上にも慎重さが必要。そう家康は考え、巧妙に豊臣家の息の根を止める手立てをめぐらしている。家康は口実さえ見つければ、何でもする——。

徳川の女になりきる決意をした江は、そう思う。

果たして「大坂の陣」がおこったのである。その経緯は前章に述べたとおりである。

妻を恐れる夫

江は勝気なうえに嫉妬心が強かったといわれる。その江に温厚篤実といわれる秀忠は頭が上がらなかったという。江は秀吉の娘（養女）として徳川に来ている。つまり江のバックには豊臣がいる。また六つも年上で、しかも二度の結婚経験があり、子どもも生んでいる。重圧感やらコンプレックスやら感じてしまったことだろう。

秀忠は先にも述べたが、十一歳のときに母を亡くしている。その脳裏にはいつも母親の残像がくっきりあったことだろう。

そんな秀忠は、六歳も年上の江を相手にしたくないと考えてもおかしくない。相手にしようと思えば、ほかにいくらでも若い相手はいただろうから。

だが秀忠は父の家康に従順であるように、自分の意思を強く押し出すようなことをしない。とても消極的な人物である。

いっぽう徳川の女になりきろうと意を決した江にしてみれば、夫としての実感を得られないからといって、また秀忠のお呼びがかからないからといって、黙って見過ごすわけにはいかなかっただろう。江は積極的に秀忠に働きかけを行なったに違いない。その成果が三男五女ではないだろうか。

年下の秀忠にしてみれば、だんだん江の良さがわかってきて、わかってくるほど精神的にも年上である江に頭が上がらなくなり、顔色をうかがうようになったのかもしれない。

そんな恐妻家のせいかどうか、側室をおかなかったが、女に手をつけたことはある。こんな話がある。時期はまだ秀吉の存命中か、秀吉没後といわれる。正室・江に仕える大橋局《おおはしのつぼね》という侍女がいた。この侍女に手をつけた。それを知った家康は、江の侍女を家臣に与えてしまった。江の嫉妬を恐れ、秀忠から離すためである。家康はかつて正室の築山殿の侍女・お万に手をつけて身ごもらせ、築山殿のひどい嫉妬をかっていたからだろう（六章参照）。

また秀吉に、あるいは秀吉没後の豊臣家に気を遣ったのだろう。江は秀吉の娘（養女）であるからだ。

さらに将軍職について四、五年後、秀忠はお静《しず》という女に手をつけている。お静は北条氏の元家臣の娘で、秀忠の乳母に従って大奥に仕えていた。身ごもったお静に困惑した秀忠は江の怒りを避けるため、お静を見性院《けんしょういん》（穴山梅雪の正室）に預けた（異説あり）。その庇護のもと、お静は一六一一年（慶長十六）五月、江戸神田白金町の家で男子・幸松丸《ゆきまつまる》を生んだ。幸松丸は見性院の養子となってから田安《たやす》家に移された。このことを知った江は使者を送って連れ出そうとする。だが見性院は自分の子とした以上、譴責《けんせき》を受けても家から出すことはできないと答えた。

すると江はすさまじい怒りをあらわにしたという。

のちに幸松丸は信濃高遠《たかとお》の保科正光《ほしなまさみつ》の養子になるが、父・秀忠に対面できたのは、江が死去してから五年後の、二十歳のときだったという。

江の怒りを恐れた秀忠といわれるが、それは一方的な恐妻であったように思える。また見性院に対しての怒りも、自分が疎外された立場におかれたからではないだろうか。

徳川の女になりきっている江にしてみれば、自分に隠し事があるのはとても許せない。不手際があれば、徳川家のためにならない事態に発展する可能性がある。そう考えているからこそ勝気と気丈夫で、消極的かつ頼りなげな年下の秀忠を支えようと、口うるさくしていたのかもしれない。

お世継ぎ争い

家康が幕府を開いたとはいえ、その基礎はまだ固まっていない。戦国時代が続いているといってもおかしくない。

この時代はすでに述べたように同族同士が争うことはむろん、父子が相争うこともめずらしくない。優秀な息子ほど、その存在が恐れられたともいわれる。跡目を必ずしも長男に譲るということもなかった。長男とはいえ、愚か者であっては「家」の存続が期待できないからだ。一番いいのは優秀で親に従順な息子である。だが死亡率が高いので、正室だけから丈夫な男子を期待するのは無理であった。それに正室はたいてい同盟の担保、人質としての存在。積極的に励んでくれないということもある。そんなこともあって武将たちは多くの側室を抱えたともいえる。

そうであるなら、江はやはり徳川家の女になりきる決意があって励んだことになる。

いずれにしても江は三人の男子を生んだ。長男は早世してしまったので、残ったのは次男・竹千代と三男・国松の二人である。

徳川幕府が開かれた今、その礎を確固たるものにする必要があった。大御所家康も七十を過ぎている。二代将軍秀忠の跡目は優秀でなければ、徳川家の存続は危ぶまれる。そう考えるのは当然だろう。

江と秀忠は下の国松をとりわけ可愛がり、兄の竹千代を疎んじた。なぜなら竹千代は国松に比べると、愚か者であったからだ。

徳川家の女になりきっている江は、世継ぎは国松と考えた。秀忠も同じである。

周囲もそれにならって国松に気を遣った。

それに反発したのが竹千代の乳母・お福（のち春日局）である。お福は整った顔立ちの女とはいいがたく、その上、気が強かったという。

このままでは跡目は弟の国松に奪われてしまう。焦ったお福は駿府《すんぷ》（静岡県静岡市）にいる大御所家康のもとへ出かけて行き、訴えるのである。

お福こと春日局

竹千代の乳母であるお福は、明智光秀の家老・斎藤利三《としみつ》の娘である。お福の父は光秀が謀叛をおこしたため、「山崎の戦い」で自刃した。そのため「お姫様」だったお福のつらい人生がはじまる。このとき四歳である。

その後、母とともに転々とし、やがて京に移ってくるが、十三歳のとき、三条西家《にしけ》という公家の名門に奉公に出される。ここでの経験が京風の行儀見習いの場となった。また、この縁がずっとのち、一六二九年（寛永五）のことだが、後水尾《ごみずお》天皇との謁見《えっけん》につながり、そのとき「春日局」という官職を賜るのである。それまではお福と呼ばれている。

お福は奉公のあと、母方の一族で、武名だけでなく和歌や連歌、茶道の誉れも高い稲葉家へ養女に出される。そして十七歳のとき稲葉家の養子・正成《まさなり》の後妻となって、四人の男子を生んだ。

しかし平穏な生活は長く続かなかった。「関ヶ原の戦い」がおきる。小早川秀秋が東軍につくか西軍につくかで逡巡、東軍についた。それを積極的に働きかけたのが、秀秋の家老であったお福の夫・稲葉正成であった。

秀秋は勝利の立役者となって備前《びぜん》岡山城主となるが、正成を遠ざけるようになる。

そのため正成は秀秋とうまくいかなくなり、いたたまれなくなって出奔、故郷の美濃清水に閉居する。その後、浪人になったという。そのためお福の生活が激変する。このとき二十四歳である。

その二年後、お福は正成のもとを離れて京の母親のもとに身を寄せる。別居である。この年の七月、二代将軍秀忠の次男・竹千代が生まれた。

それを知ってお福はこう意を決する。

（将軍世子の乳母《めのと》になろう……）

当時、上流階層では生母が子どもに乳を飲ませて養育するということはなかった。乳母をつけるのが普通である。

お福は家康の信頼の篤い京都所司代《しょしだい》の推挙を受けて、竹千代の乳母として江戸へ下った。

お福を採用するにあたって徹底した身辺調査が行なわれたのは間違いないだろう。それによってお福は明智光秀の家老の娘であること、またお福の夫が「関ヶ原の戦い」で東軍勝利の立役者となった小早川秀秋の家老だったこともわかっただろう。

家康は、小早川の寝返りを勧めたお福の夫が不遇をかこっているのを知って、配慮、恩に報いる気持ちがあったのかもしれない。実のところ、どのような経緯で乳母になれたのか、詳しいことはわかっていないのである。

病弱で愚かな息子

もともと武家の娘であるお福だが、父を失って生活に追われた母によって養女に出された。そして養家先の養子と縁組し、四人の男子をもうけたが、突然、浪人の妻に落とされた。お福もまた、戦国の世に翻弄されていた。勝気なお福は先の見えない不安に、自分の足で歩くことを決意。もう、どこそこの誰の女というのではなく、本来の自分を活かして何事かをなしとげたい。女として男に尽くすのはもうたくさん、燃え尽きた。これから先の人生は自分で切り開いてみせる――。

そんな気持ちが沸きあがってきたのかもしれない。

お福は夫と離縁して、七歳になる長男・正勝《まさかつ》一人を連れて江戸へ向かった。

乳母になったお福は、自分の長男や離縁した夫の先妻の子・堀田《ほった》正盛《まさもり》を、竹千代の遊び相手、すなわち小姓として採用させることにも成功する。

竹千代は、生まれつき病弱であったようだ。また知恵の遅れも見られたようで、愚かで気まぐれであった。物事を考えて処理をする、ということができない。好き嫌いも激しく、また若いころは吃音症でもあったといわれる。そのせいだろう、内気でろくに挨拶もできない。

だが、こんな話がある。十二歳になった竹千代は自分の行く末を案じて自死しようとした。それを発見して止めたのがお福だったという。

このとき三十七歳のお福は、愚かで知恵が遅れている子が、果たして自分の行く末に思いを致すだろうか。そう思ったにちがいない。

ところで、この時分まで乳母がいるのは不自然、そう思われるかもしれない。普通は乳離れをすれば、「乳母下がり」ではないが、その立場を離れる。お役御免。だが、お福は免職にならなかった。病弱で心身に障害のある竹千代の気持ちや性格を一番よく理解しているのはお福、だからその後も必要と考えられたのだろう。

お福もまた、竹千代をかばい続けた。竹千代もそんなお福に信頼を寄せるようになった。

こうしてお福は大奥に居続け、竹千代の生母・江と軋轢《あつれき》を生じるのである。

乳母の決意

二代将軍夫妻、とりわけ正室の江は国松を可愛がった。日常、江もお福も大奥にいるので一目瞭然である。大奥の女たちも皆、国松を褒め上げる。

（このままでは、弟の国松に将軍職を持っていかれてしまう……）

そうなれば自分の置かれている立場も失われ、これまで築いてきた道も行き止まりになる。また長男・正勝による稲葉家再興の道も断たれる。

お福は意を決し、駿府の大御所、家康のもとへ出かけて行く。

こんな話がある。お福は江戸城を抜け出すさい、お伊勢参りを口実に通行手形を用意させた。伊勢神宮への参詣は鎌倉時代以降盛んで、江戸時代には熱狂的な群集の参宮が行なわれている。「入り鉄砲に出女《でおんな》」には厳しくとも、「お伊勢参り」といえば、比較的土地を離れるのが容易だった。

この家康への直訴は竹千代の守役たちがお福に命じたともいわれる。

いずれにしてもお福は駿府に向かった。しかし単なる乳母である。また織田信長を裏切った明智光秀の家臣の娘である。家康は、信長とは同盟を結んで信長・家康連合軍で歴戦している。

大御所にじかにお目通りがかなうわけがない。そこで一計を案じる。家康の寵愛する側室（側近とも）を通して、秀忠・江夫妻の国松への偏愛ぶりや幕臣たちの竹千代軽視の現実を伝え、このままでは対立・抗争がおきかねない、そう訴えた。

家康の側室も上手にとりなしたのだろう。家康はお福の竹千代に対する忠誠心に心を動かされたという。

一六一一年（慶長十六）十月、江戸へ下った家康は、江戸城で二代将軍秀忠にこう言う。

「兄が主君であれば、弟は臣下である」

また、「竹千代が十六歳になったとき、上洛して将軍とするように」、そう言ったともいわれる。このとき竹千代は八歳、国松六歳、江は三十九歳、お福は三十三歳である。

家康にも、竹千代の愚かさはわかっていたらしい。それでも竹千代を跡継ぎとするのは、こう考えたからのようだ。すでに将軍も三代ともなれば、将軍みずからが政治を行なう時代ではなくなる。重臣たちの器量が将軍を支える。相続争いがおこれば、重臣たちも分裂し、戦《いくさ》もおきかねない。したがって今後の徳川家のことを考えれば、長幼の序を明確にしておいたほうがいい――。

家康は「関ヶ原の戦い」のあと、豊臣家を一大名家に転落させている。秀忠や家光に仕える徳川家の重臣や近臣、それに譜代の大名にも信頼が置けるようになったのだろう。

嫉妬

徳川家の女になりきっても、江は大御所家康の言葉には反対できない。反対しても通らない。

国松を可愛がり、将軍継嗣にと考えたのは徳川家のためを思ったからであり、竹千代も腹を痛めた自分の子、憎いはずはない。秀忠はもともと家康に従順である。

こうして竹千代が世継ぎとなることが決まった。

このとき竹千代は八歳であるが、以来、お福に全幅の信頼を寄せることになる。お福はお福で、将軍継嗣の乳母、育ての親として大奥において権勢と地位を手に入れる。その威勢は老中から諸大名にまで及んだ。のちには将軍の名代として上洛、後水尾天皇に謁見するまでになる。

ところで、江はすでに将軍正室として、また将軍継嗣の生母として大奥においては絶対的な権勢と地位を築いており、大御台所《おおみだいどころ》と仰がれていた。

その大御台所に反発する訴えを、なぜお福はおこしたのだろうか。

江は、武家の娘の運命にもてあそばれるように三度も縁組をさせられたが、ついに豊臣家（秀吉）の頸木《くびき》を脱して、自分の力で自分の道を切り開こうと、徳川家の女になりきる覚悟を固め、それをこなしている。

六つ年下のお福は嫉妬したのかもしれない。お福も武家の娘であり、その運命に翻弄されて転々とした。最終的には夫を離縁して、自分で自分の道を選んで歩むことを心に決めた。

だが、覚悟がもたらした二人の差は歴然である。

国松を偏愛する江を見るにつけ、ますます竹千代をかばい、かばううち、竹千代を将軍世子にすることでみずからも大奥において権勢を振るいたい。そう執念を燃やしたのかもしれない。

いずれにしても江はお福の権勢欲の旺盛なところを見透かし、警戒したにちがいない。

国松排除の空気が流れている。そう思うことがある。

（お福の仕業《しわざ》か……）

大奥の国松排除という空気に、国松の行く末を不安に思う日が来るのである。

竹千代の裏がわ

お福が乳を与え育てた竹千代（のちの三代将軍家光）は、長ずるにしたがって踊り好きな若者になった。

しかし女装のような華美な装いを好んで、異性に関心を示さなかった。髪を結わせるときには合わせ鏡をする。

そんな竹千代を周囲の誰もがいさめなかった。竹千代は、自分をいさめる者を疎《うと》んじ、遠ざけるからだ。

こんな話がある。父・秀忠（二代将軍）が竹千代に付けた守役《もりやく》は、竹千代の嗜好に苛立って、口うるさく小言を言った。あるとき合わせ鏡をする竹千代から鏡を取り上げ、庭に叩きつけた。それでも竹千代は言うことを聞かない。守役は、一緒になって遊んでいるお福の長男・正勝らの近習を叱りつけた。

だがお福は近習をたしなめるどころか、竹千代にも注意を与えない。それどころか竹千代に守役への不満をぶつけた。竹千代はのちに三代将軍職に就くと、この守役を減封したうえ、蟄居を命じたという。

踊りに熱中して女装趣味にはまった竹千代は男色を好み、女性との交渉などもってのほかであったようだ。

当時、江戸の芝居小屋（歌舞伎小屋に相当）では、「かぶいた」（人目につくような変わった）化粧と華美な装いをして踊るのが流行っていた。若衆《わかしゅ》芝居（若衆歌舞伎）である。踊りは、前髪を下げた若衆（少年役者）を美しく見せる芸当である。この若衆が、男色の相手として武士や僧侶のあいだで人気を集めた。一章で述べたように男色は戦国時代の武士たちの、いわばたしなみのひとつである。乱世が終わると、その動機が変わって行なわれるようになったといえる。僧侶が加わったのは幕府によって僧侶の「女犯《にょぼん》」が禁じられたからである。

ちなみにこの若衆芝居の前には、出雲《いずも》の阿国《おくに》につながる女だけの芝居「おんな芝居」が流行ったが、風紀を乱すということで禁止され、次に出て来たのがこの「若衆芝居」である。のちにこれも同じ理由で禁止されるが、次に出て来るのが「野郎《やろう》芝居」、大人の男だけの芝居である。これが今の歌舞伎の元となるのである。

竹千代は戦国時代の武将とはちがい、両刀遣いではなかった。そのため困ったことがおこる。将軍継嗣《けいし》を望めないことだ。先の守役にしてもそれを危惧《きぐ》しての叱咤である。

一六二三年（元和九）七月、竹千代は名を家光にあらため、三代将軍となった。このとき二十歳である。

大奥の側室制度

三代将軍職に就いた家光は二年後、二歳年上の公家の娘・孝子《たかこ》を正室に迎えた。母の江はむろん、お福も喜んだことだろう。縁組を拒まなかったからだ。

だが家光は、孝子を相手にしなかった。というよりないがしろにした。御台所という呼称を与えなかったうえ、本丸と北の丸とのあいだに造営した中の丸に別居させたからだ。まったく夫婦生活というものがなかったといわれる。

このころお福は、家光の後ろ盾もあって大奥全体を監督する女中総取締役に就いていた。

大奥のことに関しては将軍家光でさえ口をはさまず、お福に任せていた。こんな話がある。

ある日、大奥の女中と伊賀者（幕府の諜報活動や雑役の従事者）との密通事件がおきた。お福は城外に出かけていた。そのため家光は伊賀者だけをその場で手討ちにし、女中の処分を保留にした。お福に任せたのである。

こうまで家光に信頼をおかれることになったお福は、ますます権勢を振るった。振るえば振るうほど、こういう思いにとらわれる。この手にした権勢、いつまで振るえることか――。

家光の将軍在位のうちだけである。その家光は決して心身丈夫ではない。突然の病没もないとはいえない。それにまた、世継ぎを望めそうにない。あるとき、真っ昼間だというのに小姓と戯れている将軍家光を目撃したからだ。

将軍職に就いてからも男色趣味が続いていたのである。お福は家光の性癖を真剣に危ぶみだした。このままではいずれ家督相続をめぐって争いがおきる。現に今でも家光に代わって国松を跡取りにという声がある。

いずれにしても自分の運命は家光によって決定づけられる。大奥における権勢と地位を維持するには、どうすればいいか。

幕閣も嫡子を望んでいるが、家光をはばかって正室や他の女との営みを催促できないでいる。

ならば自分の尽力で、家光の血筋を後世に伝えることができれば、大奥での権勢と地位は揺るぎないものになる――。そう思い至ったのだろう。

お福は次々と家光好みと思われる相手を探し出してきては大奥に引き入れて世話をし、家光に与えた。こうして江戸城大奥の側室制度が整っていくのである。

そんなお福を、江はどんな目で見ていたのだろうか。江の夫・秀忠は女に手を付けたことはあるが、側室は置かなかったからだ。

いずれにしても二十三歳の家光にお福が用意した側室（お振《ふり》の方）が、家光の子をもうけたのは、家光三十四歳のときだ。家光はおそらく三十すぎても小姓と戯れていたのである。

それからの国松

江・秀忠の将軍夫妻に可愛がられ、跡継ぎに望まれた国松はその後どうしたのか。大御所家康は大坂城を落城させた翌年四月、駿府城で没した。享年七十五。

家康が没して間もなく、十三歳の国松は甲斐（山梨県）に二十五万石を与えられ、名を「忠長」とあらためて大名となり将軍の臣下となったが、元服前ということで江戸城に留まった。また駿河・遠江を加封されると駿河大納言忠長と称した。

いっぽう竹千代は一六二三年（元和九）七月、父・秀忠から将軍職を受け継ぎ、三代将軍家光となる。このとき二十歳。

家光は、弟の国松を始末したかった。竹千代が将軍職に就くことが決定して以後、今でも国松をひそかに継嗣に望む声が消えないことを知っているからだ。だが母・江の手前、はばかられる。

江は国松の最大の庇護者である。家光および周辺の、国松排除の空気を敏感に感じ取り、成り行きを懸念していたことだろう。

（お福もまた、国松排除に加担しているにちがいない……）

そう江は思うが、何もできない。今やお福は将軍を後ろ盾にして大奥における最大の権力者となっている。

江は懸念を残したまま三年後の一六二六年（寛永三）九月十五日、江戸城西の丸でその身を終えた。亡骸《なきがら》は江戸増上寺《ぞうじょうじ》に葬られた。享年五十四。

懸念は残ったかもしれないが、徳川に尽くせるだけ尽くして、その意味では満ち足りた気持ちで世を去ったのではないだろうか。

そんな江の死は、秀忠にひとしお無常を感じさせたかもしれない。

六年後、夫・秀忠も死去した。享年五十四。

家光はついに動いた。翌年（寛永十）十二月、国松に謀叛の疑いありとし、自刃を迫ったのである。

謀叛を企てた証拠は何もなかったといわれる。口実さえあれば何でもした祖父の家康と同じである。

言いがかりの材料は大名のあいだに出回った怪文書であったという。こんな内容である。「幕閣のなかに忠長（国松）を担いで謀叛を起こそうとしている者がいる」

この嫌疑を晴らすことができなかった国松は、追いつめられて自刃した。享年二十八。このとき家光三十歳、まだ小姓と戯れていた可能性のある時期である。

国松を追いつめた怪文書だが、これはお福の息子・正勝が作成したものだといわれる。

そうであるなら、江が懸念したとおり裏面でお福が画策していたのであろう。

ちなみにお福は、のちに江と国松の供養塔を建てている。自責の念があったからかもしれない。

＊

「浅井三姉妹」の運命は、いずれも秀吉という「勝者」の意志で決定づけられた。三人姉妹のうち、茶々だけは正室ではなかったが秀吉に尽くした。京極家に出されたはつも、同じである。

江は三度も夫を替えさせられた。その三度目の結婚は二十三歳のときである。それから十五年間で三男五女をもうけた。自分は徳川家の女、秀忠の妻であると自分に言い聞かせ、夫を支えた。そして将軍正室と将軍継嗣の生母という座を手に入れ、徳川家のために尽くしきった。その甲斐あって徳川十五代の基礎が固まったといえる。

だから大御台所と仰がれたのである。

第五章　千姫――江の長女（豊臣秀頼の正室）

七歳と十一歳の縁組

千姫は一五九七年（慶長二）四月十一日、豊臣秀吉が隠居城として造営した華麗な伏見城で生まれた。母は浅井三姉妹の長女・江で、父は徳川家康の三男・秀忠である。

二年前に二十三歳の江は秀吉の養女として徳川家に差し出され、十七歳の秀忠と縁組した。三度目の結婚である。

このころ豊臣・徳川両家のあいだの力の差は歴然としていたが、秀吉は家康の存在が気になって仕方なかった。家康の神妙な臣従《しんじゅう》は内実の伴わない表面的な態度のように思える。

（あやつは、牙を研《と》いでいるのではないか）

そう危惧《きぐ》の念を抱いていた秀吉はその緩和のために江との縁組という手段で、家康の三男・秀忠を人質として豊臣家に連れ出したといえる。

結婚の二年後に千姫が生まれたが、その翌年に秀吉は没した。そして一六〇〇年（慶長五）九月、「関ヶ原の戦い」がおこる。

周知のように、豊臣家に仇をなす逆徒を滅ぼすという口実で勝負に打って出た家康は「関ヶ原の戦い」で勝利、そして五大老筆頭という立場で、西軍に与《くみ》した大名の領地を没収して東軍の大名・武将たちに分け与え、豊臣家を一大名家に転落させた。

だが家康に味方した武将たちが豊臣家を見捨てたわけではない。ひとえに「反石田三成（文治派）」という立場で家康の東軍に与したにすぎない。豊臣家恩顧《おんこ》の武将たち——加藤清正、福島正則などといった武断派武将が多く、また大坂城には秀吉の側室・茶々（江の姉）の生んだ嫡子《ちゃくし》、秀頼もいる。

豊臣家の壊滅を目論んでいる家康は、事を急いては豊臣家恩顧の武将たちがいつ秀頼を押し戴いて動き出すかわからない。ここはとりあえず孫娘の千姫を使って豊臣家と誼《よしみ》を通じておくのが得策、そう考えたようだ。

こうして千姫は家康の遠謀《えんぼう》の犠牲となって七歳で、十一歳の秀頼と縁組するのである。

家康の遠謀

じつは家康は秀吉の死の直前、秀頼の行く末を案じる秀吉と、千姫・秀頼の縁組の約束を交わしていたが、すでに五年が過ぎていた。縁組の約束をいつ果たすのか、豊臣方の猜疑心が強まっていた。違約が明らかになれば豊臣家恩顧の武将たちは結集する腹積もりでいる。それもあって、千姫を大坂城の秀頼へ差し出すことを家康の遠謀と訝《いぶか》る者はいない。

これでやっと両家の血縁は深まる――。そう喜んだ。とりわけ喜んだのは秀頼の母・茶々である。五大老の筆頭、家康の孫娘と縁組すれば豊臣家は家康に護《まも》られて安泰、政権も戻ってくる。そう思われたからだ。

秀吉の死後、伏見城にいるべき家康は大坂城に乗り込んで西の丸に腰を据《す》えて豊臣潰《つぶ》しの遠謀をめぐらしている。それができたのも西の丸にいた秀吉の正室・北政所が手を貸したからであった。北政所は家康が大坂城に乗り込んでくると西の丸を明け渡したうえ、懐柔されて家康に与《くみ》したのである（三章参照）。

その後、「関ヶ原の戦い」に勝利した家康は、そのまま戦列を率いて豊臣家の牙城である大坂城に乗り込み、再び西の丸に居座っていた。

時勢に敏感な朝廷や公家、それに豪商たちがこぞって西の丸に腰を据えた家康のご機嫌伺いにやって来る。本丸にいる茶々・秀頼母子はまるっきり無視された。それだけに千姫と秀頼との縁組はなおさら慶事に思われたであろう。

茶々は、秀吉が死に際に家康の手を取ってこう遺言しているのを知っている。そこもとは近く秀頼の祖父ともなるお人、くれぐれも秀頼をとりたてていただきたい――。

そして家康を秀頼の政務代理人に任じた。このとき家康はこう答えている。そこのところはわきまえており申す。なにとぞご安堵《あんど》のほどを――。

しかし家康にとって縁組はとりあえず豊臣方のガス抜き、というか豊臣潰しの口実を見つけるまでの時間稼ぎにすぎない。事を焦って遠謀を見透かされれば、茶々は秀吉の莫大な財産をなげうってでも事を構えるだろう。そうなれば勝敗は予断を許さない。そう考えての縁組であった。

そのため茶々は見通しを誤るのである。この間の経緯は前章に詳しく述べているので、ここでは省く。

千姫のつらい立場

千姫が秀頼の正室として伏見城から大坂城へ差し出されたのは、「関ヶ原の戦い」後の一六〇三年（慶長八）七月である。千姫は七歳、秀頼十一歳である。酷暑のなか千姫は江戸を発ち、二十日あまりをかけて京都の伏見城へ入った。

この年、千姫の母・江は四女の初姫を生んだが、すぐに姉のはつ（京極高次の正室）のもとに養女に出している。翌年、江は待望の男子、竹千代を生んだ。その竹千代の乳母《めのと》としてお福（のちの春日局《かすがのつぼね》）が江戸城大奥へやって来る。そして二年後、弟の国松が生まれて以後、大奥では世継ぎ騒動がおこる（四章参照）。

いっぽう江の長女・千姫の大坂城での生活は味気ないものになった。縁組から六、七年後には実質的な夫婦になれたと思われるが、秀頼は千姫をないがしろにする。一度も相手にしなかったという。それ以後の家康の行動を知れば、秀頼が千姫を大事にする気になれなかったことが納得できそうだ。

まず一六〇五年（慶長十）四月、家康は二代将軍職に自分の三男・秀忠を就けた。二代将軍職には我が子・秀頼が就くとばかり思い込んでいた茶々の失望と落胆、そして我が子をないがしろにされたという怒りは大きかった。そんな母を十三歳になる秀頼は見ている。

さらに家康は追い討ちをかけるように大坂城の秀頼に江戸への下向を求め、新将軍秀忠にお祝いの言葉を述べるよう使者を遣って促してきた。

明らかに豊臣家を臣従させる意図である。母・茶々は激しく反発し、拒否した。秀頼こそ「天下の主」だという誇りを持っているからだ。

家康のすることは茶々・秀頼母子の神経を逆撫でする。

次いで家康は一六一一年（慶長十六）三月、秀頼に上洛を求めた。母・茶々は難色を示すが、十九歳の秀頼は三月末、京都に上って二条城の家康に対面する。

このとき若武者に成長した秀頼を見て、家康が感慨を覚えたことはすでに前章で述べた。

要するに秀頼の近い将来に「脅威」を抱くのである。

このころ千姫は十五歳。実質的な夫婦生活を始められる年頃である。

しかし、これまでの経緯からそんな雰囲気になれないのは想像に難くない。妻の顔を間近にすれば、その祖父（家康）と父親（秀忠）の顔が浮かんでしまうことだろう。また母の手前もある。

我が子を盲愛する茶々は、秀頼を千姫に奪われることを不快に思い、嫁いびりもしていたかもしれない。

いずれにしても千姫はとてもつらい立場に置かれたのである。

大坂城脱出

いっぽう千姫を豊臣方に差し出した家康は、孫娘のつらい立場を一顧だにしないどころか、豊臣潰しの口実を探していた。

やがて一六一四年（慶長十九）七月、家康に絶好の機会を与える「方広寺《ほうこうじ》鐘銘《しょうめい》事件」がおこる。それを口実にして家康は軍をおこし、豊臣方の討伐を決める。この経緯は三章に詳しいので省く。

こうして「大坂の陣」の幕が切って落とされるのである。

「関ヶ原の戦い」以後、朝廷は家康にご機嫌伺い的なことをしているが、どちらかといえば豊臣贔屓《びいき》であった。

それだけに家康は、自分が死ねば朝廷は秀頼を関白に叙任するのではないかという不安を抱いたようだ。

そうなれば、将軍秀忠と関白秀頼という二つの権力がぶつかり合う。再び乱世になるやもしれぬ――。

家康は十九歳の秀頼と二条城で対面したとき、そう思い至り、自分の目の黒いうちに豊臣家を潰さねばという意を決め、機会をうかがっていたのである。

そこへ「方広寺鐘銘事件」である。

軍をおこした家康は大坂城を包囲した。このとき秀頼は二十二歳になっていた。だが実戦の経験は初めてである。また暖衣飽食《だんいほうしょく》になれ、いたずらに肥満していたという。集めた十万の将兵を統御する器量も欠いていた。身辺に軍師といえる者もいなかった。

こうしてその年の冬と、翌年の夏と、二度にわたる「大坂の陣」で、ついに大坂城は落城する。茶々・秀頼母子は自刃、豊臣家は滅亡した。

このとき十九歳の千姫は、落城する寸前に城を脱出するのである。

誰が千姫を助けたのか

大坂城落城のさいのこんな話がある。家康は孫娘・千姫を殺すにしのびず、助け出した者には姫を与える、と言った。それを聞いて、「関ヶ原の戦い」での軍功により津和野藩主となっていた坂崎出羽守《でわのかみ》（直盛《なおもり》）は燃えさかる大坂城へ潜入、顔にひどい火傷を負いながら、自刃しようとする千姫を助け出した。

しかし救出された千姫は坂崎出羽守を嫌い、美男の本多忠刻《ただとき》に嫁いだ。約束が違う、と怒った出羽守は家康に謀叛を企てるが、露見して身を滅ぼした——。

本当だろうか。これは後世に作られた俗説にすぎないといわれる。

千姫の大坂城脱出には諸説あるが、その一つにこんな話がある。

「大坂城の敗れた日、稀有《けう》なことにも脱出した千姫を、熊野新宮《くまのしんぐう》の住人、堀内主水《もんど》という者がお供して将軍家の陣に連れて行った」（『藩翰譜《はんかんふ》』）という。

つまり、千姫に同行したのは坂崎出羽守ではないのである。

また、こんな話もある。

「淀殿（茶々）は三の櫓《やぐら》にいた千姫の袖をしっかり握って離そうとしない。千姫の侍女は家康から千姫を助け出すよう命じられていたが、どうすることもできなかった。そのうち殿中の奥のほうから、上様が、上様がという叫び声が聞こえてきた。淀殿は秀頼の自刃かと思い、はっとして袖を離して奥へ駆け出した。その隙《すき》に侍女は千姫を櫓の外へ連れ出した」

櫓の外はしかし、城兵であふれている。侍女は千姫に布団をかぶせ、櫓台の下の土手へ転がし落とそうとした。そこへ豊臣方の武将・堀内主水《もんど》が近づいて来た。千姫とわかると堀内は千姫を背負い、大坂城を抜け出した。途中、徳川方の坂崎出羽守と出合い、千姫を引き渡した。出羽守が千姫の供をして徳川の本陣に連れて行った。大御所家康はただちに千姫の父、二代将軍秀忠の陣に報《しら》せた。だが秀忠は千姫と対面しなかった。

「女ながらも主人秀頼とともに果つべきである」

そう言った。その後、千姫は京の二条城へ移され、それから伏見城にしばらく逗《とう》留《りゅう》してから江戸へ下向した――。

また、越智民部という人物の祖母が語ったものを記したという『老談一言記』にも、千姫が淀殿から逃れて堀内主水の導きで城外へ出たとあり、このとき越智の祖母も供をしたという。

いずれにしても、千姫は淀殿のそばから逃げ出したことになっている。だが、こんな説もある。

大坂城の落城が迫ってきたとき、豊臣方の総大将大野治長が、千姫の侍女に向かってこう言った。「御前様（千姫）にはご城外に出られて、大御所様（家康）にお願いなされて、秀頼様母子の助命をお取り計らいくださいますように」

侍女たちは千姫を連れて櫓を出て城の石垣の下に集まり、抜け出す手立てを考えていた。そこへやってきた豊臣方の堀内主水に怪しまれるが、千姫とわかるとみずから先に立って人を払いながら城外へ出た。そして坂崎出羽守に預けた――。

まだ、ある。『駿府政事録《すんぷせいじろく》』によるとこうである。城中から、大坂方の総大将・大野治長の家臣が使者となって家康の本陣に来た。そしてこう訴えた。本日、千姫様は城中を脱出、秀忠様の本陣へお出でになる。秀頼様、淀殿をはじめ櫓にこもっているが、秀頼母子を助けていただければ、治長以下はみな、切腹いたします――。

また『駿府記《すんぷき》』などにはこうあるという。大坂城の総大将・大野治長が秀頼母子の助命を乞うため、堀内主水など二人に千姫を託し、大坂城を脱出させ、父・秀忠の陣所に行かせた――。

いずれにしても千姫は大野治長のはからいで城を脱出、それを手助けしたのが堀内主水で、途中で千姫を受け取ったのが坂崎出羽守であるようだ。むろん、茶々・秀頼母子の助命を依頼したことであろう。

見捨てられた千姫

大坂城の落城に先立って千姫が城外に出ることができたのは、豊臣方に秀頼母子の助命という目的があったからだ。

しかし豊臣家潰しの口実を探していた家康にしてみれば、「方広寺鐘銘事件」を好機として軍をおこし、ようやくここまで追いつめた。二人を見逃す道理はない。

孫娘の千姫でさえ、豊臣方の一方的な思惑――千姫を城外に出すことで秀頼母子の助命の可能性があるという思いがなければ、助けなかったにちがいない。現に豊臣方の助命の依頼に徳川方は何の返答もしていない。渡りに船を得るとばかり、千姫を受け取ったにすぎない。

家康・秀忠父子のあいだには、千姫の見殺しという合意があったのかもしれない。秀忠は娘の千姫が夫の秀頼とともに自刃してくれることさえ願っている。それが実家（徳川）のためになり、人質として出された者の宿命である。そう考えていたのかもしれない。少なくとも家康はそう考えていたはずだ。孫娘の情にほだされるような人物とは思えないからだ。

そんな大御所家康の手前、秀忠は喜びを素直に出せなかったのかもしれない。秀忠は父・家康に従順で、自分の意思を強く押し出すことができない、とても消極的な人物である。だから千姫にすぐ対面しなかったのは家康に気を遣ったのではないか。

いずれにしても千姫は祖父と父に一度は見捨てられた存在であったといえる。

このとき十九歳という多感な年頃の千姫は、そんな祖父や父の心中を見透かしていただろうか。

その後、すぐに千姫は父から再婚を促されるのである。

公家との再婚を拒む

若くして未亡人となって子どももいない千姫である。政略の道具として十分に使える。父・秀忠はすぐに再婚の相手探しをすすめた。このとき母の江は四十三歳。弟・竹千代十二歳、国松は十歳である。

江は前章で述べたように竹千代を疎《うと》んじて国松を可愛がり、国松を将軍継嗣にと考えていた。竹千代は国松と比べて愚か者であった。徳川の女になりきっている江は徳川家のためになることに尽力している。だがすでに四年前、竹千代が将軍職を継ぐことが大御所家康のひと言で決まっていた。

それでも国松を継嗣にという動きが消えない。そのため大奥にも国松排除の空気が淀んでいた。国松排除の後ろには竹千代の乳母・お福（のち春日局）がいる。お福は気が強く、権勢欲が深い。そのため江は国松の行く末を懸念していた。

そういう事情もあってか、江はその後の千姫の取り扱いに口出しをしなかったようだ。千姫を豊臣家に差し出したときから、その運命を諦めていたのかもしれない。自分もそうだったからである。

いずれにしても秀忠は千姫を公家に嫁がせようと、津和野藩主・坂崎出羽守を京都に遣《や》って相手を探させる。

千姫は夫の秀頼を亡くしても切髪《きりかみ》をしなかった。すでに述べたが、それは再婚の意志があるとみなされる。とはいえ切髪を、家康や秀忠が許しはしなかったにちがいない。使用価値が十分にあるからだ。

だが、この話を知った千姫はこう言う。自分は秀頼を失ってまだ間がない。今、他家へ嫁ぐ気にはなれない。それでも行けというなら切髪をして出家する――。

千姫は尼になると言い張って再婚を拒んだ。そして臥《ふ》せってしまったようだ。

驚いた父の秀忠は強引に嫁がせるようなことはしなかった。やはり素直で大人しい性格なのだろう。坂崎出羽守にその旨を報《しら》せた。公家の内諾を受けていた出羽守は、そうまでおっしゃるなら是非もないこと、時が経てば心も落ち着くであろう。そう考えて先方に千姫の気持ちを伝え、了承を得てひとまず引き下がったのである。

若武者と再婚

再婚をよしとする気持ちがどのくらいで千姫に出てくるのか。

そんなことを出羽守が慮《おもんぱか》っているうち突然、千姫の再婚が決まった。そのために問題がこじれるのである。その経緯はこうだ。

一六一五年（元和一）七月末、といえば落城に先立って大坂城を抜け出して二カ月半ほど後のことだが、千姫は江戸へ下向した。傷心を癒《いや》すため江戸城本丸にいる母の江に会いに行くのである。

このときの行列は壮麗で、大御所家康の側室をはじめ、侍女数百人が供奉《ぐぶ》したという。

江戸城にやって来た千姫は父の秀忠から再婚話を持ち出され、気を病んで臥せってしまう。

十月、家康は孫娘・千姫宛の手紙を藤九郎《とうくろう》という家臣に届けさせた。そこにはこうある。「御わずらい、御心もとなくおもひ候《そうろう》て、藤九郎まゐらせ候」

夫・秀頼を失い傷心のため病床に臥したと聞いて、心配のあまり見舞いの手紙を家臣に持たせたのである。孫娘への情に目覚めたのだろうか。

翌一六一六年（元和二）七月、突如として千姫の再婚が発表された。相手は伊勢桑《くわ》名《な》（三重県北部）城主の嫡子・本多忠刻である。このとき千姫二十歳、忠刻二十一歳である。こんな話がある。千姫が助け出されて大御所家康の本陣に連れて来られたとき、そばに本多忠刻がいた。その若武者ぶりが脳裏に焼き付き、嫁ぐなら忠刻と決めていた――。

また、こうもいわれる。江戸へ下ってしばらくのち、隅田川で舟遊びをしていた千姫が忠刻を見初めた。さらにこんな話もある。千姫が江戸へ下向するさい、伊勢桑名から渡し船を使った。そのとき警護に乗り合わせていた忠刻を見初めた――。

いずれが真偽か定かではないが、千姫が忠刻を受け入れた事実に間違いはない。やはり秀頼との七歳からの十二年間にわたる生活は、正室とはいえ味気ないものであったのだろう。

だが、坂崎出羽守が走り回って取り付けた公家との縁組の話はどうなったのか。また本当に忠刻を気に入って縁組を受け入れたのだろうか。

この時代、武家の娘は政略の道具、それを使って最大利益を上げようとするのが、実家の常識である。

二人の縁組にどんな事情があったのだろうか。

家康の仏ごころ

こんな話がある。『寛政重修諸家譜《かんせいちょうしゅうしょかふ》』にこうあるという。本多忠刻は駿府城で千姫との婚礼の台命《たいめい》をこうむった——。

台命とは将軍など貴人の命令のことだ。つまり駿府の大御所家康から、千姫との縁組を命令されたことになる。

これは家康の体の具合がよくないと聞いた忠刻が、一六一六年（元和二）正月、母とともに駿府に駆けつけたときに申しつけられた話だという。忠刻の母は、家康が自刃させた長男・信康と織田信長の娘・徳姫とのあいだにできた娘で、家康の孫娘にあたる。それゆえ忠刻は家康の曾孫になる。

家康はこの四月十七日に没するが、見舞いに駆けつけて来た孫娘（忠刻の母）と曾孫（忠刻）を見たとき、自分の長男とその母（正室・築山殿）を死へ追いやった過去をまざまざと思い出したにちがいない（六章参照）。

死の予兆を感じていたかもしれない家康は仏ごころをおこし、孫娘・千姫への情が湧いたのだろうか。前年の十月に千姫を思いやって見舞いの手紙を届けさせているが、本来孫娘への情にほだされるような人物ではない。家康はそのころから自分の死を遠くないと思いだし、病床に臥したという千姫に同情をよせたのかもしれない。

徳川は今、豊臣を潰し幕藩体制も固まりつつある。ならば千姫を縁戚にあたる忠刻へ嫁入りさせてやろう。そう考えたのかもしれない。あるいは忠刻の母に強く望まれたのかもしれない。

いずれにしても二人の縁組は成立するのである。

人騒がせな千姫

おそらく娘を朝廷とのパイプ役に使おうと公家との縁組を考えていた秀忠は、そのことを駿府の家康には相談していなかったのだろう。それで家康とのあいだで食い違いが生じた。かといって秀忠は台命には逆らえない。

それを知った津和野藩主の坂崎出羽守が、秀忠に約束を破られたと憮然《ぶぜん》たる面持ちであったことは容易に想像できる。しかし事はそれですまなかった。坂崎出羽守は激怒する。武将としての面目をどうしてくれる、という思いに駆られる。

そんな出羽守を秀忠はなだめようとした。しかし応じない。こう言う。「私の首を刎《は》ねてからならばともかく、生きているあいだは千姫のお輿《こし》を人手に渡せませせぬ」

どうあっても千姫を本多忠刻の江戸屋敷には行かせないという。

ついに秀忠は出羽守の重臣にこんな内容の奉書《ほうしょ》（決定を下知する文書）を出す。「そこもとたちが主家を断絶させぬように考えているなら、主人にすすめて自刃させよ。そうすれば世継ぎを立てて家が立つようにしよう」

こんな話がある。出羽守とは剣友でもある柳生但馬守宗矩《やぎゅうたじまのかみむねのり》が使者に立ち、武士の面目を重んじて切腹をすすめた。出羽守は跡目が立つと知って納得。だが家臣たちは自害をすすめても無駄なことと、出羽守が泥酔して昼寝をしているところを襲って殺害、首を差し出した。

秀忠は、家人の諫《いさ》めにみずから死を選んだのであれば、家を立てようと思っていたが、家臣が主人の首をとるとは不届き至極——。そう言ったという。

また、こんな話もある。出羽守の息子が家臣と共謀して首をとったが、息子は切腹を命じられた。さらに出羽守は忠刻に輿入れする千姫を掠奪《りゃくだつ》しようとして失敗、自害したともいわれる。

いずれにしてもお家断絶が命じられ、一大名家が潰れてしまうのである。

再婚生活

千姫が本多家の江戸屋敷へ輿入れしたのは一六一六年（元和二）七月十一日である。そして坂崎出羽守の事件が落着した九月、忠刻の父の居城・伊勢桑名城へ移り、翌年三月、忠刻のいる姫路城へ移った。

姫路城には千姫のための新殿が造営された。二人が過ごしたのは中書丸《ちゅうしょまる》という館《やかた》で、下屋敷として武蔵野《むさしの》御殿が使われたという。いずれも書院造りである。武蔵野御殿というのは、御殿の戸襖《とぶすま》一面、金箔に緑青《ろくしょう》で武蔵野をしのばせるスキが描かれていたことから名付けられたという。

このような御殿が造れたのも、千姫の輿入れのさい十万石の化粧田《けしょうでん》、いわば持参金が付けられていたからだ。化粧田というのは上級の武士が嫁入りするときに持参する田地のことだ。所有権は嫁にあり、その権利は夫に移らないことが多い。だから離縁すれば、その田地も婚家から離れてしまう。

それはさておき、姫路城での生活は大坂城でのそれと比べたら雲泥の差があった。千姫は忠刻との素直な感情の交流に努めながら、仲むつまじく過ごすことができたようだ。姫路城へ移った翌年（元和四）、勝姫を生んだ。このとき二十二歳である。続いて男子を生むが、早世してしまう。

嫡子を失ったものの、その後は何ひとつ、つらいことのない平穏で幸せな生活が続いた。

忠刻は優しいし、勝姫は順調に成長している。

江戸では弟の竹千代が三代将軍職に就き、家光を名乗っていた。父の秀忠は家康同様、大御所と呼ばれていた。徳川家も本多家も順調に推移している。

こんな生活がずっと続けられるのか。そう思ったこともある。

しかし、そんな物思いに耽《ふけ》ることがなくなったころ、突然、忠刻が病に倒れた。一六二四年（寛永一）五月のことである。このとき千姫二十八歳、忠刻は二十九歳であった。

その後、忠刻の病状は改まることがなく、ついに二年後の五月七日、帰らぬ人となった。

千姫は三十歳で再び未亡人となった。身の不運を嘆いたであろう。母の江と同じように二度の結婚に破れたのである。

乱行三昧の怪聞

未亡人となった千姫は化粧田の十万石のうち、四万石を忠刻の弟である能登守《のとのかみ》・忠《ただ》義《よし》に、六万石を甥の信濃守・小笠原長次《ながつぐ》に分かち与えたという。

一六二六年（寛永三）五月、病床に臥した母・江の容体がかんばしくないこともあって千姫は江戸へ下向した。そして江戸城三の丸に居住し、切髪をして天樹院《てんじゅいん》と称した。再婚の意志はないということの表明である。

この年の九月、母の江が五十四歳で亡くなった。その二年後、千姫の長女・勝姫はいったん千姫の父・秀忠の養女となってから、つまり前将軍の娘として十一歳で備前《びぜん》（岡山県南東部）岡山藩主の嫡子・池田光政と縁組をした。光政はこのとき二十歳である。勝姫を迎えて四年後に藩主に就き、のちに名君といわれる人物である。

ところで江戸へ下向した千姫に、その後数々の乱行をしたという怪聞《かいぶん》すなわち変な噂が乱れ飛んだ。こんな話がある。江戸の三番町（千代田区）に屋敷を造営した千姫はたびたび多くの若い男を誘い込んでは遊んだうえ、殺した。そうした遊蕩三昧《ゆうとうざんまい》の生活を生涯、続けた——。

人々はこの屋敷を「吉田御殿」と呼んだという。

しかしこれは麹町にあった有名な「番町皿屋敷《ばんちょうさらやしき》」の伝説が残っている「吉田御殿」と呼ばれるものと、「吉田通れば二階から招く、しかも鹿の子《かこ》の振袖で」という俗謡が結び付けられたからだといわれる。またこの俗謡も、江戸中期以降のものと考えられるという。

つまり、千姫と吉田を結びつけるものは何もない。千姫は番町皿屋敷跡を与えられ、そこに「吉田御殿」を建てて住んでいたという説もある。また乱行三昧をしたのは千姫の妹の一人であるという話や、江戸竹橋に住んだという話もある。

いずれにしても乱行の確証は何もない。千姫は長年、ひとり身を通したために、乱行の「吉田御殿」の憶測が生まれて怪聞が乱れ飛び、それが後世、歌舞伎や講談に脚色されたというのが本当のところのようだ。

寝酒は葡萄酒

千姫の前夫・秀頼は、秀吉の嫡子であり豊臣家を継ぐべき人物であった。

だが豊臣家は千姫の父（秀忠）と祖父（家康）によって悲劇的な滅亡を余儀なくされた。妻の実家によって潰されたのである。そのため夫の秀頼は二十三歳という若さでその身を終えた。

（自分は、しかし……）

生き残って次の人生を歩み出し、どうにか安堵できる幸せな時間を持てた。それはけっして長く続いたわけではない。だが、こうして今振り返ってみれば、忠刻と過ごした時間は魂を寄せ合って生きられた。その記憶はこれから先の十分な糧になる――。

そんな思いに耽《ふけ》ることもあったのではないだろうか。

切髪して天樹院と称した千姫である。忠刻の菩提を弔いながら静かな余生を送ったように思われる。

こんな話がある。すでに三十数年の泰平の世が続いていた。千姫は、父・秀忠がその晩年に普請《ふしん》してくれた「飯田町御殿《いいだまち》」に住んでいた。五十を過ぎても千姫の美しさは衰えていない。天樹院は寝所の隅の棚に紫色のギヤマンの水注《みずつぎ》を置いていた。中身は阿蘭陀《オランダ》渡りの葡萄酒《ぶどうしゅ》である。

それは七つちがいの弟・竹千代すなわち今は三代将軍家光からの頂き物であった。天樹院は夜更けまで侍女たちと加留多《カルタ》遊びを楽しむことがある。ようやく眠気を催してくると、こう言う。「みなのもの、遅くまで大義でありました」

そして一番親しい侍女にこう所望する。「いつものように、あれを一口」

それが将軍家光からの頂き物の葡萄酒であったという。

家光は長ずるに及んで、長姉・千姫を慮るようになったようだ。両親に愚か者と疎《うと》まれ、弟の国松に将軍職を奪われかけたとき、乳母のお福（のちの春日局）の尽力があって、祖父・家康のひと言で決まった。千姫の運命もまた、祖父によって七歳のとき決定付けられた。二人とも少年・少女期には口に出したくないつらい思い出がある。

だから家光は姉を思いやって、まだ千姫が江戸城三の丸にいる時にはたびたび渡ってきたようだ。「飯田町御殿」に移ってからの千姫も、娘の勝姫が生んだ綱政《つなまさ》を連れて江戸城の将軍家光に拝謁《はいえつ》しに行ったりしている。

二人には、口には出さずとも分かり合える暗黙の了承ごとがあったのだろう。

千姫はのちに江戸城北の丸に移って、一六六六年（寛文六）二月六日、その身を終えた。享年七十。その亡骸は小石川伝通院《でんつういん》に葬られている。

第六章　徳川家康の妻妾たち

1　築山殿——悲劇の正室

十六歳同士の結婚

徳川家康にとって最大の悲劇は長男・信康《のぶやす》を自害させたことと、信康の母親であり正室の築山殿《つきやまどの》を家臣に殺害させたことだろう。

家康は生涯に二人の正室と、十五人とも十六人ともいわれる側室をもったといわれる。

正室の一人はここで取り上げる築山殿。もう一人は「朝日姫」といい、豊臣秀吉が家康に人質として差し出した秀吉の異父妹である。

築山殿は悪女の烙印《らくいん》を押されたり、傲慢《ごうまん》、無類の嫉妬深き婦人、などと言われたりすることが多い。しかし決して悪い女ではない。乱世の男社会の抗争がもたらした悲劇のヒロインというべき女性である。

築山殿は一五四二年（天文十一）、駿河《するが》の今川氏一族の武将の娘として生まれ、瀬《せ》名姫《なひめ》（阿鶴《おつる》とも）と呼ばれた。母親は戦国大名・今川義元の妹（伯母とも）である。

つまり瀬名姫は義元の姪にあたる。

家康は一章でもふれたように、六歳のとき駿河の今川義元のもとへ人質として出された。その道中で織田方に捕らえられ、いったん尾張に送られ織田氏の人質となった。二年後、家康の父親が没すると、今川・織田両氏との間で捕虜交換が行なわれ、家康は織田方から駿河の今川義元のもとへ送られ、長い人質生活を始める。このとき八歳である。

そして一五五七年（弘治三）、十六歳で同い年の瀬名姫と縁組した。むろん政略的な結婚で、徳川と今川の同盟の担保として縁組したのである。乳母日傘《おんばひがさ》で育てられた瀬名姫と奉公人のような家康、といった組み合わせであるが、二年後には長男の信康が生まれ、翌年には長女亀姫《かめひめ》が誕生した。

政略結婚であろうと、女として生まれてきて夫を持つのは当たり前のこと。その夫が自分の家の奉公人、人質同然の男であっても、子どもが生まれ、感情の交流が深まれば、互いに情がわくものだろう。

だが、そうはならなかったのである。

良家の姫と人質

瀬名姫が傲慢などと言われるのは、若さや性格のせいもあるのだろうが、成り上がって家康の正室になったわけではないことも影響しているように思われる。彼女は出自にめぐまれており、いわば「良家のお姫様」、気ままに育ち、誇り高かったにちがいない。

瀬名姫にしてみれば、八歳のころから同い年の家康を見知っているとはいえ、今川氏の人質同然の身にすぎない。家格はずっと自分のほうが上である。

そんな家康との縁組は、自分たち今川氏一族の政治上の目的のためだと慢心し、時には奉公人のように扱うこともあったかもしれない。

だが結婚二年後には長男を生み、翌年には長女を生んでいる。ということは、当初は夫婦の心に隔たりなく、しっくりいっていたのだろう。

だが亀裂が生じて互いに相手を受け入れなくなる。原因は築山殿を不快にする出来事がおきるからだ。

築山殿をとりまく環境は決して心地のいいものではなかった。加えて彼女の性格が影響して、彼女を悲劇のヒロインにしてしまう。

築山殿はどう生き、なぜ夫に殺害されたのか。その経緯をたどる前に、妻と夫をとりまく環境と時代背景を見ておこう。

亀裂のきっかけ

当時、今川義元は駿河（静岡県中東部）・遠江《とおとうみ》（静岡県西部）・三河（愛知県中東部）を治める戦国大名で、東海地方第一の勢力を誇っていた。その居城は駿府《すんぷ》城である。

義元は、信濃（長野県）の武田氏、小田原（神奈川県南西部）の北条氏と結んで上洛を狙っていた。

築山殿が家康の長女をもうけた年、一五六〇年（永禄三）五月のことだが、上洛を謀《はか》った義元は織田信長の尾張（愛知県西部）に侵入を企てる。このとき今川方の先鋒となった徳川家康は尾張と三河の国境近くの大高砦《おおたかとりで》にいた。

だが義元は信長の奇襲に遭《あ》って討ち死にする。いわゆる「桶狭間《おけはざま》の戦い」である。

この戦いで伯父の義元が敗死してから、築山殿の家康に対する態度に変化が現われ、二人の間に亀裂が生じる。その経緯はこうである。

家康は義元敗死の報を聞くや大高砦を引き上げるのだが、築山殿と子どもらが待っている駿府城に戻らなかった。そのまま生まれ故郷の三河の岡崎城に帰ってしまう。

（千載一遇の好機……）

そう思ったのだろう。足掛け十四年にわたる今川氏での人質同然の生活から解放される好機、独立の好機と考えたのである。

岡崎城に帰った家康は、ただちに三河統一に着手する。このとき家康十九歳。家康と同い年の築山殿は幼い子どもらと駿府城に置かれたままである。不快でないわけがない。

こうして夫婦は駿府城と岡崎城とで別居生活をはじめる。別居の二年間というもの夫は一度も妻子を顧みることがなかった。義元亡き駿府城当主は、瀬名姫の従兄弟である。だから今川氏を捨てたとはいえ、妻子が殺されることはあるまい。そう家康は考えたのだろう。

だが駿府城に置き去りにされて別居を強いられた若い妻は、

(あれほどに睦《むつ》まじかった仲も、世を忍ぶ仮の姿だったのか……)

と、夫に裏切られたとしか思えなかったにちがいない。

こうして二人の仲にヒビが入るのだが、さらにそれが割れる事態がおこるのである。

別居生活の解消

生まれ故郷に帰って三河の統一をすすめる家康は、二年後、あろうことか今川氏の仇である信長と手を結ぶ。その力を頼んだのである。今川氏に対する明らかな裏切りであった。場合によっては、今川方は見せしめのために家康の長男・信康はむろん、築山殿さえ亡き者にするかもしれない。それが戦国の世のしきたりともいえる。

じっさい家康が信長と同盟を結ぼうとしたさい、家臣から強い反対が出ている。このとき家康は築山殿と長男・信康を犠牲にする決意を示したという。

だが家康はこの年、三河の今川方の城を攻めて、亡き義元の甥に当たる二人の子を捕虜にした。その結果、捕虜交換が可能となって築山殿と長男・信康を岡崎城に移すことができた。

こうして二年間という長い不安な別居生活は解消されるが、築山殿にしてみれば面白いはずがない。長い間、今川氏の人質同然の身であった夫・家康は、本来なら今川氏と手を結ぶのが筋で、それを期待していたはずだからだ。

にもかかわらず伯父・義元の仇である信長に寝返って今川氏を敵に回した。そんな夫を快く思うわけがない。面白からぬ感情が湧いてきて当然だろう。それに拍車をかけたのが、彼女の生来の勝気な性格と、名門今川一族のお姫様育ちという気位の高さだったかもしれない。

その後、二人のあいだに子どもは生まれていない。家康を受け入れなかったのだろうか。

わだかまる思い

築山殿と長男・信康を三河の岡崎城に引き取った家康は、しかし築山殿をないがしろにした。彼女を「築山曲輪《くるわ》」という城の一郭《いっかく》に住まわせ、生活をともにしなかった。家康は妻に顔向けできない行動をしている。そのためなのか、あるいは相手にしたくなかったのか。

いずれにしても岡崎城に迎えても別居同然の生活であった。若い妻は二年という長い間、不安な独り寝をしてきて、また独り寝を強いられたのである。

（やはり、私に見せていたのは仮の姿……本性は……）

そう、ますます思ったことだろう。ちなみに「築山殿」といわれるようになったのは、この岡崎城の築山曲輪に住むようになってからだ。

その後、家康は長男・信康を織田信長の娘・徳姫と縁組させる。長男を差し出すことで、信長といっそう誼《よしみ》を固めようと考えたのである。

徳姫の輿入《こしい》れは一五六七年（永禄十）五月。信康・徳姫の二人は同い年で、まだ九歳である。家康と築山殿はともに二十五歳。信長は三十四歳である。

この縁組によって強固な信長・家康連合軍が誕生、いよいよ勢威《せいい》をつけた家康は、いっきに今川氏を潰《つぶ》そうと遠江に侵入する。そして一五六八年（永禄十一）、大井川以西の遠江を手に入れた。

今川一族出身の妻は夫の手によって滅亡していく今川氏の様子をひとり岡山城の築山曲輪で見送っている。

（ついこの間まで、今川方で人質同然の生活をしていたあの家康に……）

そんな思いがわだかまり、とけることなく深く胸底に沈殿していったことだろう。

だからといって夫・家康を完全に拒否したわけではなかったのである。

夫への恨み

家康はさらに勢威をつけ、本城の岡崎城を長男・信康に譲り、一五七〇年（元亀一）九月、浜松城へ移った。

だが築山殿は岡崎城の築山曲輪に残された。このとき二十九歳である。

（また、取り残されるのか……）

駿府城に置き去りにされた独り寝の日々がよみがえってきたにちがいない。

築山殿はその後、未亡人同然の生活を十年以上も強いられる。

この間、家康は岡崎と浜松の城を行き来しているが、築山曲輪には近づかなかったようだ。

そんな家康に築山殿はこんな内容の手紙を出している。独り寝の床に唐船も浮かぶほどの涙をあふれさせている。あなたはわたしの夫だし、子の父である。離れたところで何をしているのやら——。

いわばラブコールである。妻は決して夫を嫌っていたわけではなかった。だがいっぽうで、妻を妻として扱わないのなら、一念悪鬼となって思い知らせてやる、とも書いている。のちにこの激情が恨みとなって爆発するのである。

じつは浜松と岡崎とを行き来していた家康は後述する「お万」や「お愛」といった若い娘を寵愛《ちょうあい》していたのである。

この時代、武将が側室を持つのは自明なこと。築山殿もそれは知っていたはずだ。だから夫・家康に側室がいるとわかっても、激情にかられることはなかっただろう。だが家康は築山殿の感情を刺激する行動をとった。こともあろうに築山殿の侍女に手を付けた。それが「お万」という愛妾である。

それを知って築山殿は、家康とお万を恨む気持ちを徐々に醸成していくのである。

側室の懐妊

いっぽう信長の娘・徳姫と縁組した長男・信康は一五七一年（元亀二）、十三歳で元服し、十五歳で初陣を飾った。このころから同い年の徳姫との実質的な結婚生活に入ったようだ。

政略結婚にはちがいなかったが、初めは父の家康同様、夫婦仲もよく、二人の娘をもうけている。

家康はこの間、一五七二年（元亀三）のことだが、「三方ケ原《みかたはら》の戦い」で、信長の援軍とともに信濃の武田信玄と戦って大敗を喫し、浜松城に敗走している。

この報を聞いたとき、築山殿は溜飲の下がる思いだったにちがいない。信長・家康ともに武田にしてやられたからだ。

ひょっとすると、このときから築山殿の胸底に武田を頼りにしようとする思いが芽生えたのかもしれない。それが後述するように彼女の命取りになるからだが、その経緯は、今はおいておくことにする。

家康は、負け戦《いくさ》のあとも築山殿のいる岡崎城に足繁く通った。築山殿に会いにいくというより、その侍女であるお万に会いにいくためである。

やがてお万は懐妊した。

（あのお万が身ごもっただと……）

築山殿の家康に対する憎悪のような感情と、侍女お万に対する嫉妬はいっきに臨界点に達したようだ。

武将にとって側室は女色《にょしょく》のほか、丈夫な継嗣《けいし》をもうけるために必要とされ、生む能力を期待された。当時は生まれてくる子どもの死亡率が高かったからだ。

理屈ではわかっていても、ないがしろにされている自分を思えば、そんな理屈を素直に受け入れられなかったであろう。

築山殿をないがしろにしていなければ、事はそれほど荒立たなかったかもしれない。浜松城の家康に愛情を込めたような呼びかけの手紙さえ書いているのだから。

では築山殿はどんな行動に出たのだろうか。

嫉妬の炎

自分の夫が他の女性を可愛がったら、たとえ側室を持つのが当たり前の世の中であっても嫉妬するのが当たり前。それが人間の本性ではないか。そう思う。

しかしこの時代、正室はそんな嫉妬心を表面に出さずに耐えて、側室やその子を含めて上手に「〇〇家」の管理・存続に尽力するのが「賢妻」「賢夫人」とされた。それでも所詮、人質としての存在と見られていた。

嫉妬をあらわにすることなどタブー、抑えなければいけない。

だが、気ずい気ままに育って直情的なお姫様の築山殿にはそれができなかった。自分の侍女を断りもなく身ごもらせたのである。侍女に対しても裏切られたという思いが強い。夫にないがしろにされ、信頼していた侍女にも裏切られる。

（一念悪鬼となって思い知らせてやる……）

激しい怒りと嫉妬が恨みとなって火を吹くのである。

その火は本来、夫の家康にぶつけるべきものなのだが、時代が時代である。築山殿でも主人の家康には直接、向けることができない。ひたすらお万に向けて、残忍なまでに責め、苦しめる。身ごもっているお万を庭の木に縛り付けて放置したという（節2参照）。

このころから家康は築山曲輪《くるわ》には顔も出さなくなったらしい。ご機嫌伺いさえしなくなったことがまた、築山殿の感情を逆立て、嫉妬の炎を燃えさからせたにちがいない。

いずれにしてもお万は一五七四年（元亀五）、家康の第二子となる於義伊《おぎい》（於義丸《おぎまる》とも・のちの結城秀康）を生む。

さらに家康は能役者の邸宅に出入りしていた十七歳の「お愛」を見初め、一五七九年（天正七）、浜松城で第三子となる秀忠（のちの二代将軍）を生ませる（節3参照）。

そして同年八月、悲劇がおこるのである。

姑の打算

築山殿母子におこる悲劇の経緯は次のようなものである。

築山殿の嫉妬の炎は家康の愛妾・お万だけでなく、長男・信康夫妻のむつまじさにも向けられた。

信康の妻となった信長の娘・徳姫が最初に生んだのは女子で、一五七六年（天正四）三月のことである。信康・徳姫ともに十八歳のときであった。翌年には第二子の姫が生まれた。

普通なら姑の築山殿にとって孫の誕生は喜ぶべき慶事である。だが彼女は喜ぶどころか、二人の仲に嫉妬を覚える。それは独り寝のやりきれなさがおこした嫉妬かもしれない。

いずれにしても今川氏の仇敵である信長の娘・徳姫はもともと気に入らない嫁である。というより不快な存在である。その嫁が自分の息子の心を奪っている。そう思う。しかも嫁の生家は今や旭日昇天の勢いにある。だが自分の後ろ盾となるはずだった今川氏は信長にやられ、そして家康に叩かれて滅亡している。

築山殿の感情がもつれるのは是非に及ばず、といえるかもしれない。

築山殿は息子にこんなことを言う。「大将たる者、男子の世子がなくてはならない」それは確かにこの時代の常識である。だからといって、まだ若い息子に嫁以外の女性を側に置くことをすすめるだろうか。若い嫁の手前もあり、しばらく様子を見るのが姑のたしなみではないか。

しかし築山殿は盛んに漁色《ぎょしょく》、すなわち女あさりをわが子にすすめた。お万が男子を生んだこともあって、その子が信康に取って代わるのではないかという不安もあったようだ。

いずれにしても築山殿はみずからも息子の側室を選んで決めるほどであった。岡崎にいた甲斐（山梨県）の武田氏の家臣の娘を買い取って与えたといわれる。

信康はその側室に深入りしたようだ。それまで睦《むつ》まじかった徳姫を遠ざけるようになる。

徳姫は狼狽する。それを知って、

（これでいい……）

姑はほくそえんだことだろう。なぜなら信長の娘である嫁に自分が家康からされた独り寝のやりきれなさを味わわせるのが狙いであったからだ。

武田氏の家臣の娘を側室としたことに、築山殿の打算を垣間見ることができる。甲斐の武田信玄の遺子・勝頼に頼ろうとしたと考えられるからである。

悲劇の始まり

このころ岡崎の城下に明国《みん》（中国）から来たという医師がいた。この医者を病がちな築山殿は呼んだ。以後、築山殿の許に出入りし出す。この男は医師として武田勝頼の側近くに仕えていたことがあるという。

それを知って築山殿はこの医者と親しく付き合うようになった。密通をしていたともいわれる。

武士を頂点とするこの時代、男社会が維持されるには秩序が何ものにも優先する。男女の間柄でも、むろんそうである。不義はお家のご法度《はっと》。それに背くことは死を意味する。武家育ちの築山殿が、そんなことをするようには思えないのだが、死を覚悟してまで晴らしたいものがあったのかもしれない。

考えられるのは、信長・家康に対する深い恨みを晴らすことである。

築山殿は信長や家康に対する恨みや憎悪を積み重ねてきただけに、常々その晴らしどころを考えていたはず。この医者を知って、晴らしどころを見つけた思いだったのかもしれない。

（この男を仲介に、武田氏に頼ろう……）

そう思い至ったのかもしれない。だが内応（内通）が漏れれば身が危うい。首が飛ぶかもしれない。秘密厳守のためには情交が効果的な手立ての一つであるのは否めない。

いずれにしても築山殿は甲斐の武田勝頼と内応する。内応とはひそかに敵に通ずること。味方を裏切ることだ。

いっぽう息子の信康はただでさえ父母の仲の悪さで気が重いのに、母親と妻との目に見えない諍《いさか》いがプレッシャーとなってますます側室に溺れ、日々の行動も粗暴になっていった。

これが築山殿と信康母子の悲劇のはじまりである。

姑の反逆

甲斐（山梨県）の武田勝頼は、信玄没後の一五七三年（天正一）に家督を継いで、翌年から美濃（岐阜県中南部）・三河（愛知県中部・東部）・遠江《とおとうみ》（静岡県西部）に進出した。

武田方は徳川方の遠江の城をとり、一五七五年（天正三）五月、三河の長篠《ながしの》城を囲んだ。窮地に陥った家康は信長に援軍を要請する。それに応じて信長が長篠城の西方、設楽原《したらがはら》に出陣した。これが世にいう「長篠の戦い」であるが、勝頼軍は信長・家康連合軍に大敗する。

このとき大賀弥四郎《おおがよしろう》という家康の家臣が武田方と内応している。つまり家康を裏切ったのである。大賀の役宅は浜松にあり、彼は浜松城にいる家康と、岡崎城にいる家康の妻子との間を行き来して三人のご機嫌をとっては懐を肥やしていた。大賀はついに家康の宿敵・勝頼に密書を送る。所領の十倍をもらうという条件で、武田方の先鋒を岡崎城に引き入れる約束を交わしたという。

しかし仲間の一人が謀叛に怖じ気づいて信康に密告したので家康に伝わり、大事には至らなかった。むろん大賀は処断された。

また武田方にも裏切り者が出ている。三河の作手《つくで》城の城主父子が、家康に寝返った。そのために信長・家康連合軍は「長篠の戦い」で勝利できたともいえる。鉄砲の威力だけではなかったのである。

この乱世、寝返り、謀叛などは常識である。

以後、甲斐の武田は信長軍の再来襲に怯《おび》えるが、勝頼は信玄の遺子だけに並みの武将ではない。築山殿と内応した。書状を往復させ、築山殿だけでも先に武田に引き取って、甲斐の武将の妻に世話したい、などと知らせている。

築山殿はついに家康・信長体制に反逆したのである。

ではいったい、誰が仲介をしたのだろうか。先の医者か、信康に与えられた側室の父親か、逆臣・大賀か——。

いずれにしても「長篠の戦い」で信長・家康連合軍に大敗した勝頼は勢威を回復、兵を再び遠江へ南下させようとした。

そんなとき、一五七九年（天正七）七月のことだが、徳姫が、「十二ヵ条」にわたる築山殿の「悪行」を綴《つづ》った書状を父親の信長に送ったのである。

嫁の逆襲

ここにきて築山殿と徳姫とのあいだの目に見えない嫁・姑戦争は決定的となる。

『三河後風土記《みかわごふどき》』によれば、徳姫が信長に送ったという「十二ヵ条」にわたる書状の主な内容は次のようなものだ。

「築山殿は悪人であり、自分と信康殿の仲をさまざまに言い、不和にした」

「築山殿は、私が姫ばかり二人を生んだので、男子を生ませようと、武田勝頼の家臣の娘を信康に側室としてすすめた」

「築山殿は武田勝頼に味方し、信康殿へも一味することをすすめた。築山殿はわが子・信康を裏切らせようとしている」

「徳川と織田を滅ぼせば、所領のほかに築山殿は武田方の大将の妻とすることを約束されている」

「信康殿は、まだ勝頼に味方しているようではありませんが、油断は大敵だと思います」

——などといった内容である。いわば嫁の姑に対する逆襲である。そのほか信康の常軌を逸した日頃の粗暴な行為や、家康・信康父子の不仲なども書かれていたという。

娘からの書状は父・信長の逆鱗《げきりん》にふれた。信長にとって甲斐の武田はいっときも忘れることのできない仇敵である。

（武田と通じているとは！）

怒り心頭に発する思いであったことだろう。

築山殿の内応が、なぜ徳姫にばれたのだろうか。こんな話がある。姑の築山殿の侍女と、嫁の徳姫の侍女は姉妹であった。その侍女同士で情報がやりとりされ、それで漏れた——。

また徳姫の逆襲は織田方の策謀だった。書状は捏造《ねつぞう》かもしれないともいわれる。

いずれにしても築山殿と武田勝頼との内応を知らされた信長は、ただちに家康の重臣・酒井忠次《ただつぐ》を安土城に呼び出し、書状の一つ一つを問いただす。一五七九年（天正七）七月十六日のことだという。

「十二ヵ条」について詰問する信長に酒井忠次は一言も弁明せず、

「そのとおりでございます」

と応える。すると信長はこう命じた。

「家老のお前が承知しているのなら是非もない。すみやかに成敗するよう伝えよ」

信長は築山殿と信康の殺害を家康に命じたのである。

その下知《げち》を酒井忠次は持ち帰った。

妻子を殺害せよという信長の下知を浜松城で聞いた家康は青ざめたという。信長の恐ろしさを一番よく知っているだけに、下知を拒めばどうなるかもわかっている。信康どころか、徳川家そのものが亡きものにされる。

いまや信長は安土城にあって天下を睥睨《へいげい》、天下の主になるのも時間の問題、そんな信長に抗《あらが》うすべはない。

こうして家康は信長の下知に従うのである。

腹をくくる家康

『東照宮御実記』によれば、家康はこう言っているという。

「女（築山殿）の事なれば、はからい方もあるべきを、心おさなくも討取《うちと》りしか」

また長男の信康については、

「三郎（信康）が武田にかたらわれ、謀叛すというを、実とは思わぬなり」

家康は築山殿について、女のことだし他に方法があるのではないか、思慮が浅いだけで殺すのかと思い、また長男・信康については、武田に騙《だま》されたのであって、謀叛をおこすなど思っていない、と言っている。だが、それを言い張って信長を怒らせるのは得策ではない。そう考えたのだろう。

のちに『三河物語』を著した大久保彦左衛門は、このときのことをこう語っている。

「（家康が）われも大敵（武田勝頼）をかかえ、信長をうしろに当ててあるからは、信長にそむきて成りがたければ、是非に及ばずと仰せられける」

家康にしてみれば、信長あっての自分、徳川の存続のためには妻子殺害も仕方がないことだと、腹をくくったのである。

こんな話もある。かねてから家康の長男・信康の戦略的な才能と武勇の噂を気にしていた信長は、自分の長男・信忠より優れているのでないかと思う。そうであれば将来、織田・徳川の力関係がひっくり返ると恐れてその芽を摘んだ――。

この乱世、身内・同族・家臣との争いはむろん、父子が争うのは宿命的である。それだけに手ごわい競争相手になりそうな芽を刈り取っておこうと考えるのは当然であろう。

いっぽうでこんな話もある。家康の長男・信康には能力がなく、その無能ぶりを家康は家臣たちから指摘されていた。その突き上げによって信康排除を決断したという。

この当時、愛妾のお万の生んだ男子、於義伊（於義丸）は六歳、こちらを継嗣としようとする企みがあったのかもしれない。

ところで信長に呼び出された酒井忠次は、なぜ釈明しようとしなかったのだろうか。こんな話がある。忠次には信康排除の打算があった。忠次は信康の侍女に手を出して信康の激しい怒りを買い、それを恨みに思っていた。それゆえ信康を、信長の命令という形で亡き者にしたかった――。

また酒井忠次は家康から名馬を信長に献上するついでに安土城に行ったので、内容を知らなかったという話もある。

もちろんこれらの真相も闇の中で、真偽のほどはわからない。

いずれにしても家康は妻子殺害を決める。一五七九年（天正七）七月半ば過ぎのことで、愛妾の「お愛」が浜松城で第三子の秀忠を生んで三ヵ月後のことである。

妻子殺害

築山殿は家康から浜松城へ来るよう伝えられ、翌八月二十五日、出迎えの者たちと岡崎城を出た。

息子の信康はこの八月の頭、岡崎城にやって来た家康から信長の下知を聞かされ、城を追放されている。どこへやられたのか、築山殿は懸念していたことだろう。

そんなとき築山殿は浜松城へ来るように言われたのである。

（信康もいるのではないか……）

浜松城で信康と夫が待っている。そういう思いで少し浮き立っていたかもしれない。いっぽうで不安もあった。供廻りの者がすべて三河武士である。

つまり夫・家康の家来ばかりで、自分の腹心ともいうべき今川時代からの従者が一人も付いて来ない。

（はて……）

家康は出迎えの三河武士たちにこう命じていた。「適当なところで討ち果たせ」

築山殿の一行は本坂峠《ほんざか》を越えて三ヶ日《みっかび》に出て舟に乗った。そして浜名湖（静岡県南西部の湖）を渡って、八月二十九日小藪《こやぶ》（富塚町）に上陸し、輿《こし》に乗って浜松城へ向かった。

その途中、遠江《とおとうみ》（静岡県西部）の富塚で家康の差し向けた刺客三人に斬殺され、その身を終える。享年三十八。

十六歳で一緒になった同い年の夫の命令によって殺害されたのである。

いっぽう家康から信長の下知を伝えられた長男・信康はむろん釈明したのだが、岡崎城から三河の大浜へ追放された。と思う間もなく、すぐに遠江の堀江城へ身柄を移され、さらに二俣《ふたまた》城に移された。

家康は信長に息子の助命を嘆願していたという話もある。だから信康の身柄を転々とさせ、時間稼ぎをしていたのだろう。

家康にしてみれば、信康は名門今川氏の血を引く優秀な息子であったにちがいない。よほど能天気な親でないかぎり、子の優劣はわかる。となれば前述した、能力の無さを家臣に突き上げられて信康排除を決断したという話は怪しくなってくる。一番の理由は、やはり信長の下知に逆らえなかったことであろう。

徳姫は事の成り行きに驚きのあまり天を仰ぎたくなったかもしれない。姑の仕打ちで信康との睦まじさを失くしたことを父親に愚痴《ぐち》り、きつい灸《きゅう》を据《す》えてもらいたかった、そう考えていただけかもしれないからだ。それが謀叛などということにつながってしまった。

家康はこれ以上の時間稼ぎは信長の機嫌を損ねると考えたようで、ついに自害させることを決心する。九月十五日、検使として二人の重臣（天方山城守通綱《あまがたやましろのかみみちつな》と服部半蔵正成《はっとりはんぞうまさなり》）を二俣城に送った。

信康は見事に腹を十文字に掻き切ったという。享年二十一。

このときも信康は、武田氏との内応は全くの事実無根であると、くれぐれも父親に伝えてくれと言い残したという。

その三年後、一五八二年（天正十）の三月、築山殿と遠謀《えんぼう》をめぐらしたという甲斐の武田勝頼は、信長に追いつめられて天目山《てんもくさん》（山梨県甲州市）の山麓《さんろく》で自刃、甲斐の名門武田氏は滅亡した。享年三十七。

その数カ月後の六月二日、「本能寺の変」がおこって、信長も自害した。享年四十九。

それから八年後の一五九〇年（天正十八）、家康は豊臣秀吉とともに小田原の北条氏を攻略して関東へ入国、大大名となった。このとき家康は重臣らに十万石単位の所領を与えるのだが、家老の酒井忠次の子には三万石しか与えなかった。それを不服とした父親の忠次に、家康はこう言ったという。

「そちでも、子というものはかわいいか」

信長にひと言も釈明しなかった忠次に浴びせた痛撃である。むろん家康は忠次が釈明したところで信長が翻意するとは思っていなかったであろう。しかし、言わずにはいられなかったのである。

もう一人の正室「朝日姫」

家康の長男・信康が自刃して三年後——。

一五八二年（天正十）六月二日、「本能寺の変」がおこった。

いわゆる「中国大返し」を敢行して主殺しの明智光秀を討ち、織田家のイニシアチブを奪って「天下の主」を目指す豊臣秀吉は勢威をいよいよ増した。

その秀吉に対抗し、家康は信長の次男・信雄《のぶかつ》と結んで一五八四年（天正十二）三月、尾張で「小牧《こまき》・長久手《ながくて》の戦い」をおこすが、勝敗を決することができず講和に持ち込んだ。

このとき家康は愛妾のお万が生んだ十一歳になる於義伊（於義丸）を、養子先から秀吉のもとへ人質として送り出す。秀吉はその於義伊を養子にした。

二年後（天正十四）、秀吉は異父妹の「朝日姫（朝日の方）」を家康のいる浜松城へ差し出した。家康との講和を有効にし、家康を臣従《しんじゅう》させるためである。「朝日姫」は、このとき四十四歳。家康は四十五歳である。家康は築山殿を殺害してから七年間、正室を迎えていなかった。

その点に目をつけて秀吉は家康の許《もと》へ朝日姫を人質として差し出したのである。この朝日姫、じつは人妻であった。それなのに秀吉はムリヤリ離縁させ、家康に差し出した。むろん家康が信長の下知によって妻子を殺害したことを承知している。だから正室にしろという含みがあった。

繰り返しになるが、この時代、女性は縁組という名のもと、政治上の駆け引きの道具として使われるのは日常茶飯事である。

とはいえ離別を余儀なくされた朝日姫の夫の落ち込みは尋常ではなかった。自決したともいわれる。それを知ってか朝日姫は気を病み、病床に臥したという。

そうまでして差し出されたにもかかわらず、家康は秀吉に臣従する態度を見せなかった。入京要請に応じなかったのである。入京するということは秀吉にご機嫌伺いに上がることであり、それはとりもなおさず臣従を意味する。

慎重でなかなか入京しない家康。かといって挙兵もはばかられる。先の戦いで、家康・信雄軍のあなどれない力を知らされているからだ。秀吉はついに自分の老母、七十四歳になる大政所《おおまんどころ》を、朝日姫の病気見舞いを口実に浜松城へ送った。家康は驚いたにちがいない。老母さえ人質として送り込んで来る秀吉。その執念に根負けし、ついに腰を上げて入京したのである。

その後、家康は大政所を秀吉のもとに送り返し朝日姫を正室とした。

朝日姫は家康が浜松（浜松城）から駿河（駿府城）に移るのにしたがい、「駿河御前」と呼ばれるようになる。

しかし駿河御前は一五八九年（天正十七）六月、老母の病気見舞いのために入京、そのまま秀吉の私邸・聚楽第にとどまって、翌年一月、病没した。享年四十八。

家康との夫婦生活はたった三年足らずである。それも政治的な駆け引きの道具としての縁組である。家康には多くの若い愛妾もいる。おそらく、かまわれることなくこの世を去ったにちがいない。

こう見てくると家康の二人の正室はいずれも幸せな最期を迎えていない。だが、このケースがこの時代の女性の典型だったといえる。

では家康の愛妾たち、「お万」と「お愛」の場合はどうだったのだろう。

2　お万——男好きのする愛妾

二十七歳の出産

前述したように徳川家康には二人の正室がいたが、子どもは築山殿とのあいだにもうけられた信康一人だけである。その長男を追放し二十一歳で自刃させている。このとき築山殿も家臣に殺害させている。

家康には十一男五女の子女がいたが、信康以外すべて愛妾すなわち側室のもうけた子女である。

家康の愛妾は十五人とも十六人ともいわれるが、ここでは「お万」と「お愛」という二人の愛妾を見ることにする。いずれも男子を生み、一人は武勇に秀でた武将となり、もう一人は二代将軍となっている。

それ以外の愛妾が生んだ男子も、後述するように親藩の中で最高位を占める「御三家」をおこしている。

さてお万（小督局《おごうのつぼね》とも）だが、その素性は諸説あってはっきりしない。だが若いころから家康の正室・築山殿の侍女をしていたことは確かである。

お万は一五四八年（天文十七）、大坂の町医者の娘として生まれたらしい。だが三河の池鯉鮒《ちりふ》大明神の社人《しゃじん》の娘ともいわれる。社人というのは神社に奉仕する神職のことで、特に下級の神職をさす。

どういう経緯で築山殿の侍女になったのかも不明である。

とにかく家康に見初められたお万は一五七三年（天正一）、男子を生み、翌年（天正二）、第二子を生んで、その子が於義伊《おぎい》（於義丸とも）と名付けられた。

じつはこれにも異説があり、お万が子を生んだのは一五七四年で、双生児であったが一人は産褥《さんじょく》で亡くなり、成育したのが於義伊だという。

いずれにしても於義伊が生まれた年、家康は三十三歳である。お万は二十七歳という。このとき築山殿は三十三歳、家康と同い年である。

正室の嫉妬

正室の築山殿は侍女のお万が身ごもったことを知ったとき、嫉妬からお万を責め苦しめたことはすでに述べた。

このとき築山殿は、お万を浜松城の庭の樹木に縛りつけ、放っておいた。これを見た家康の家臣・本多作左衛門《さくざえもん》がひそかに城外へ連れ出し、宇布見《うぶみ》村の中村源左衛門のもとに預け、ひと月あまりのち、於義伊が生まれたという。

だが築山殿は一五六二年（永禄五）から引き続いて岡崎城にいて、浜松城に移った家康とは別居している。だから身ごもったお万を浜松城で折檻《せっかん》したとは考えにくい。

とはいえ築山殿は家康に招《よ》ばれてしばしば浜松城に行くこともあったらしいので、そのとき折檻したともいえる。

だが出産ひと月前ごろに嫉妬深い築山殿を、家康がわざわざ浜松城に招き寄せるだろうかという疑問もわく。折檻を築山殿がしたのだったら、懐妊を知った岡崎城の庭でしたのではないか。ある日、侍女のお万の体の変調、身ごもっていることに気づいて、責め苦を与えた。それでお万は岡崎城にいられなくなり、浜松城へ移った。そうとも考えられる。

また折檻をしたのは家康だったという話もある。身ごもって出産も近いころ、お万は家康の命令に背いたことをして、大いに叱咤され折檻された。その夜、お万は浜松城を抜け出して家康の陪臣《ばいしん》（本多作左衛門の家臣）の伯母のところへ駆け込んだ。この老女は家康の幼いころから側に仕え、城下に町屋を与えられていた。老女はお万に城へ戻れという。だが戻らないと言い張る。どうしても戻れというのなら死んでしまう、そう言ってお万は我を通した。

翌朝、老女は家康に伺候《しこう》したが、お咎《とが》めがなかったのでそのまま町屋に預かり、お万はその後、一カ月ほどで出産した――。

いずれにしてもお万の生んだ男子は於義伊（於義丸とも）と名付けられたのである。

家康の疑念

お万は男好きのする女で、みずからも性的欲望が旺盛だったらしい。自分の仕える築山殿が独り寝を繰り返していること、また嫉妬深いのを知っていながら、その目をかすめるかのようにして家康の寵愛を受けていたのだから。

家康もだからか、お万の生んだ子に疑念を抱いていたようだ。なかなか自分の子として認知しなかった。自分の子ではないと考えていたらしい。医師に診断させたりしている。於義伊《おぎい》と名付けたのも、顔がナマズに似たギギ（ゴンズイの異名）という海魚に似ているところからだという。愛情が薄く、嫌っていたことがわかる話である。

於義伊は三歳まで家臣の本多作左衛門のところで育てられた。その作左衛門と、長男・信康の懇願があって、不本意ながらも認知し、晴れて対面がかなったのは、その年一五七六年（天正四）だという。それまで三年間は対面を忌避していた。「権現様《ごんげん》（家康）の御子《おこ》にては無之由……」といわれたほどである。

そんな家康が、一五七九年（天正七）九月、信長の下知に逆らえず長男の信康を自刃させてからは於義伊に対する情が厚くなる。この年、六歳の於義伊に一万石を与えている。

その後、一五八四年（天正十二）三月、家康は織田信雄《のぶかつ》（信長の次男）と連合し、秀吉と「小牧・長久手の戦い」をはじめるが、長期戦となって秋に講和を結び、於義伊を人質として大坂城へ差し出す。このとき十一歳である。その於義伊を秀吉は養子にした。これがのちに於義伊の首枷《くびかせ》になる。

於義伊は長ずるに及んで優れた武将に育ち、一五九〇年（天正十八）、秀吉の命令で下総《しもうさ》（千葉県北部と茨城県南西部）の結城氏を継いだ。そして秀吉と家康から一字ずつもらい結城秀康となった。このとき十七歳である。

一六〇〇年（慶長五）の「関ヶ原の戦い」では東軍につき軍功をあげて越前（福井県中・北部）北ノ庄を与えられ六十七万石の城持ちになり、松平姓に復して越前松平家の祖となった。このとき二十七歳。

お万は息子の秀康に従って越前北ノ庄へ移った。このとき五十三歳である。当地でお万は、将軍継嗣《けいし》の生母となるかもしれない、そうひそかに期待していたかもしれない。家康は一六〇三年（慶長八）に征夷大将軍の宣下《せんげ》を受けているからだ。

だがそんな期待はすぐに潰《つぶ》れてしまう。一六〇五年（慶長十）に、家康の別の愛妾、後述するお愛が生んだ異母弟の秀忠が二代将軍職に就いたからだ。おそらく母子ともにひどく落胆したことだろう。

その二年後の一六〇七年（慶長十二）、我が子秀康は北ノ庄で病没してしまう。三十四歳という若さである。死因は梅毒と腎虚《じんきょ》であったという。腎虚とは房事《ぼうじ》過多などのために衰弱することである。

梅毒に苦しむ息子

秀康は異母兄の信康亡きあと、実質的な長男であるにもかかわらず異母弟の秀忠に家督を奪われた。そのため家康の参謀・本多正信《まさのぶ》に理由を質したという。本多はこう言う。若殿は一度、太閤秀吉殿下の養子になられた方ゆえに……。秀康は、こう返した。ならば、今後は豊臣家の者として義弟の秀頼を援《たす》けよう。

この放言が家康の神経に障《さわ》ったようだ。

こんな話がある。家康の継嗣《けいし》問題が重臣の間で議論されたさい、三男の秀忠は二代目としてふさわしくないとされた。「関ヶ原の戦い」のさい、真田《さなだ》勢のこもる上田《うえだ》城攻めに手間取って関ヶ原に間に合わないという失態をおかしたからだ。それゆえ剛胆《ごうたん》で機敏な、次男の秀康のほうが適任ではないか——。

だが一度、秀吉の養子となっている秀康は徳川の名折れとなるやもしれぬ。また家康の施策を忠実に実行するには、秀康より秀忠のほうが適任ではないか——。

こうした議論の結果、家康の下した決断が、上を飛び越え下の秀忠であった。

前章でも述べたように江の夫・秀忠は父の家康に従順で、自分の意思を強く押し出すようなことをしないとても消極的な人物である。

秀康は不満のあまり酒色に溺れ、粗暴な言動が多くなった。越前北ノ庄を与えられると、次から次へと牢人（浪人）を召し抱えた。豊臣方を擁護する発言などもしている。

そんな秀康は家康にとって、また異母弟の秀忠にとっても危険な存在に映ったであろう。

つまり徳川方にとって存在して欲しくない人物である。そこで幕府は秀康好みの女に梅毒を持たせて側室として送り込んだ——、という話もある。

真偽のほどは不明だが、秀康が梅毒であったことは確かのようだ。梅毒の腫れ物で苦しんだ秀康は、顔を人に見られるのを嫌がり、家康にも対面しようとしなかった。それを聞いた家康はこう言って怒ったという。「顔が醜いからといって、人に会わないなど、大将をもつとめる武士の考えることではない。戦《いくさ》がおきたらどうするつもりか」

秀康を生んだお万は息子の死後、剃髪《ていはつ》して長勝院《ちょうしょういん》と称し、一六一九年（元和五）十二月六日、越前北ノ庄でその身を終えた。享年七十二。我が子秀康が逝ってから十二年後のことである。

3　お愛――西郷局と呼ばれた二代将軍生母

十八歳の出産

お愛の本名は昌子という。『幕府祚胤伝《そいんでん》』によると、昌子は戸塚五郎太夫忠春《だゆうただはる》の娘で、のち母の再婚相手、伊賀（三重県西部）の服部《はっとり》平太夫の養女になったという。

祖父は西郷弾正左衛門正勝《だんじょうざえもんまさかつ》といい、三河（愛知県中部・東部）の名門である。この正勝の娘が戸塚五郎太夫忠春と縁組して生まれたのが昌子すなわちお愛である。

お愛の母は、夫が合戦で戦死したため子連れで服部平太夫と再婚したのである。

一五七六年（天正四）、お愛が十五歳のとき、祖父の孫すなわち従兄妹と結婚する。だが翌年、夫は戦死。そのためお愛は若くして未亡人となり、母の再婚先である服部平太夫のもとに再び身を置くことになる。

そのお愛に目をとめたのが家康であった。能役者の邸宅に出入りしているお愛を見初め、伯父西郷左衛門清員《きよかず》の養女という名目で浜松城に召し出した。このとき家康三十七歳、お愛十七歳である。

このころの家康は愛妾のお万に男子・秀康が生まれ、岡崎城に置いてきた正室・築山殿との仲がうまくいっていない時期である。

一五七八年（天正六）三月、浜松城に入ったお愛は「西郷局《さいごうのつぼね》」と呼ばれた。翌年（天正七）四月七日、男子、長丸《ちょうまる》（のちの秀忠）を生んだ。このとき十八歳である。

この八月と九月に、家康は築山殿と長男・信康を死なせている。

翌年、お愛は福松丸（のちの忠吉）を生んだ。つまり立て続けに家康の三男、四男をもうけたのである。

実質的な正室

家康はお愛を寵愛《ちょうあい》した。お愛は由緒正しい家柄の娘である。それ相当の教養と節度をもっている。家康は正室の築山殿の嫉妬や、愛妾お万の無軌道、奔放さに手こずった。それだけにお愛の温和で誠実な性格にすっかり惚れ込み、大事に扱ったようだ。お愛が身ごもったとき里帰りをさせている。実母のもとへ帰らせ、わざわざ侍女まで送り込んで面倒をみさせたという。

幼くして父を失い、母の再婚先で育てられ、縁組したが一年も経たずに夫を失い未亡人となり、再び母のもとへ身を寄せるという経験をしているお愛はずっと心が落ち着くことがなかったであろう。それだけに家康の愛妾となれてほっとしたのかもしれない。

合戦に明け暮れる家康のもと、若いお愛は浜松城にいて黙々と台所を仕切った。いわば「糟糠《そうこう》の愛妾」かもしれない。

この間、一五七九年（天正七）八月と九月、家康によって正室・築山殿と長男・信康の母子が死に追いやられている。一五八四年（天正十二）には豊臣秀吉相手の長い合戦、「小牧・長久手の戦い」があり、その二年後には正室として「朝日姫」が迎えられている。

そんななか、家康の二人の男子を生んだお愛は実質的な正室といえる。だが朝日姫が亡くなっても、正室に据《す》えられなかったのである。

急逝

お万の生んだ家康の次男・秀康は、一五八四年（天正十二）、十一歳のとき「小牧・長久手の戦い」の結末をつける手段として、大坂城に差し出され、秀吉の養子にされた。また幼いころには嫌われていたり、長ずるに及んで言動に粗暴なところがあったりする。

となればお愛の生んだ三男・秀忠が家康の後嗣《こうし》と期待されて当然である。お愛もその期待に胸を弾ませ、つくづく家康の愛妾になれた偶然に感謝し、ほっとしたことだろう。

しかし、その安堵は長くは続かない。家康とともに駿府城へ移ったお愛は浜松時代の労苦がたたったのだろうか、病の床に就き、一五八九年（天正十七）五月十九日、駿府城でその身を終えてしまう。急逝といえた。享年二十八。その亡骸は駿府紺屋《こんや》町にあった竜泉寺《りゅうせんじ》に葬られた。

息子の秀忠が二代将軍職に就いたのはそれから十六年後の一六〇五年（慶長十）四月である。

お愛は息子の晴れ姿を見られなかっただけでなく、将軍生母として大奥で安穏な生活を楽しむことも、栄耀栄華を尽くすこともできなかった。

代わりに大奥を仕切ったのが将軍秀忠の正室・江（浅井三姉妹の末っ子）である。しかし江は、秀忠とのあいだにもうけた次男・竹千代（のちの三代将軍家光）の乳母であるお福（のちの春日局）にしてやられ、可愛がっていた三男を失ってしまう（四章参照）。

お愛にはのち、将軍生母ということで従一位が贈られ、宝台院《ほうだいいん》と追号された。寺の名も宝台院と改められた。今でも静岡市常磐《ときわ》町にある宝台院のお愛の墓碑は見上げるほど大きく見事だという。

（亡くなったとき三十八歳であったという説もある。この場合、没年は同じなので生年や、家康との出会いの年齢が違ってくることになる）

4　御三家の祖を生んだ愛妾

お亀（尾張家の祖を生んだ愛妾）

お万とお愛のほかに家康の愛妾が生んだ男子も、親藩の中で最高位を占める「御三家」をおこしている。

その男子と愛妾について少しふれておこう。

御三家の一つ「尾張家」の祖となる家康の九男・義直《よしなお》を生んだのは「お亀《かめ》」という愛妾である。

お亀は石清水《いわしみず》八幡宮の社人《しゃじん》の娘であった。周知のように社人とは神職に就いている下級の者をいう。修験者《しゅげんじゃ》もそうである。

お亀はすでに結婚しており、一子をもうけていた。こんな話がある。お亀の夫はある武士に仕えていたが、故あって切腹。未亡人となったお亀は京都の僧正《そうじょう》の屋敷へ奉公に上がった。そこへある日、休息のために立ち寄った家康に見初められたという。

家康五十三歳、お亀は二十二歳（異説あり）であった。一五九四年（文禄三）のことである。

お亀は、自分は修験者の娘であると家康に打ち明けた。すると、二度とそのことを口にするなと家康から口止めされる。身分の低いことを嫌ったのである。そしてお亀の素姓に箔《はく》をつけようと、父親を還俗《げんぞく》させた上、名を変えさせ、その上で三千石を与えたという。

このころの家康は老醜を見せる秀吉に対して神妙に臣従していたが、いわばうわべだけである。それをうすうす感じ取っていた秀吉は、家康に疑念と脅威を抱いていた。

翌一五九五年（文禄四）九月、秀吉は養女とした江（浅井三姉妹の末っ子）と、家康の三男・秀忠との縁組を成立させる。

秀吉はその二カ月前の七月に、関白職を譲った甥の秀次を謀叛の疑いで自刃に追い込んだだけでなく、秀次の幼い子どもたちと妻妾三十余名を京の三条河原で処刑している。妻妾を殺害したのは秀次の胤《たね》を宿している可能性があるからだ。まさに根絶やしである。愛妾の茶々が秀頼すなわち自分の嫡子を生んだからだ。そんな秀吉を、家康は刺激したくなかったのであろう。江と秀忠の縁組はすんなり決まった。

その後、秀吉は没し、一六〇〇年（慶長五）九月、「関ヶ原の戦い」がおこって家康は勝利。その翌月、十月二十八日、お亀は大坂城西の丸（伏見城とも）で家康の九男となる義直を生んだ。お亀二十八歳、家康五十九歳のときである。

お亀には先夫の子、伝次郎という男子が一人いたという。義直の異父兄となる。家康は伝次郎を召し出し、名を左伝次正信と改めさせ御側《おそば》小姓とし、三万石を与えて尾張家の家老とした。

後述するように、家康はもう一人の「お万」という愛妾が十男を生むと、紀州家をおこさせる。そのときこう言う。尾張・紀州の両家は鳥の両翼のごときものであって、将軍家を補佐すべし――。

その後、十一男が生まれると、水戸家をおこさせ、「御三家」が誕生するのである。

お亀は家康が没すると、切髪《きりかみ》をして相応院《しょうおういん》と称し、家康の菩提を弔う日々を過ごすが、一六四二年（寛永十九）九月十六日、尾張においてその身を終えた。享年七十。

もう一人のお万（紀州家・水戸家の祖を生んだ愛妾）

「紀州家」の祖となる家康の十男・頼宣《よりのぶ》と、「水戸家」の祖となる十一男・頼房《よりふさ》を生んだ愛妾は、小田原の北条氏直《うじなお》の家臣・蔭山氏広《かげやまうじひろ》の養女・お万である。先の秀康を生んだ愛妾と同名である。これは家康が前のお万を忘れがたく付けた名ともいわれる。

それはさておき、お万は一五八〇年（天正八）、上総《かずさ》（千葉県中央部）勝浦で生まれた。そこに「お万晒《さら》し」の伝説が残っているという。一五九〇年（天正十八）、蔭山氏の勝浦城の落城のさい、十歳になるお万たちが松の根元に晒した白布を伝って海上に逃れたと伝えられている。

また城跡の近くには「お万堂」と呼ばれる小さな堂があり、等身大のお万の石像が立っている。

お万が三歳ぐらいのころ、母親が蔭山氏広と再婚し、お万は養女となった。だが数年後に小田原北条氏は秀吉、家康らに攻め落とされる。そのため伊豆の賀殿《かてん》に蟄居《ちっきょ》したという。

このときお万は十一歳である。家康に召し出されたのは十四歳のときといわれるので、一五九三年（文禄二）のことになる。この年の八月、家康は朝鮮出兵で出向いていた名護屋（佐賀県唐津市）から大坂に戻り、十月に江戸へ帰っている。家康五十二歳である。

家康は新しく若い娘を召し出したとき、性的に奔放なお万を思い出したのかもしれない。当時は疑念も湧いて、於義伊をなかなか認知しなかったが、愛妾としては忘れ難いものがあったのだろう、それで同じ名前をつけた、とも考えられる。

そのお万が家康に召し出されるまでの三年間、どんな生活を送っていたのか、残念ながら明らかでない。

お万が伏見城で頼宣を生んだのは一六〇二年（慶長七）三月、二十三歳のときで、召し出されてから十年目である。翌年三月、家康は徳川幕府の初代将軍となる。そして八月、お万は頼房を生んでいる。立て続けに二人である。

家康は一六〇一年（慶長六）には伏見城にいて、同年十一月に江戸へ戻り、翌年正月に上洛している。

お万の所在がはっきりしてくるのは、この一六〇二年からだという。

ひょっとしたら、それまでお万は家康と離れて暮らしていたのかもしれない。家康のことである。機が熟すのを待ち、見計らって呼び寄せたとも考えられる。それで立て続けということになったのかもしれない。

いずれにしてもお万のそれまでの所在がはっきりしていないのである。

お褥《しとね》御免

お万が家康の十男、十一男を生むまでに、他の愛妾が次男から九男（先のお亀の生んだ義直）を生んでいることになるが、男子はこの十一男が最後となった。

一六〇五年（慶長十）、家康は将軍職を愛妾のお愛が生んだ三男の秀忠に譲った。そして二年後、駿府に移ったが、お万も従っている。このときお万は二十八歳である。まだ家康は手離したくなかったのだろう。

このとき次男・秀康を生んだお万は四十六歳。三男・秀忠を生んだお愛は四十三歳、九男・義直を生んだお亀は三十五歳である。とっくに「お褥退《しとねすべ》り」をしていたことだろう。

つまり男女の営みから下りていたと思われる。というのは「大奥」が整備されてくると正室も側室も「お褥お断り」「お褥御免」といって御年寄に申し出て、将軍との性生活を辞退しなければならない年齢が三十歳となる。これはもはや年をとって丈夫な子を生めなくなったという意思表示である。申し出ないと、奥女中たちから「好《すけ》女《べえ》」といって蔑《さげす》まれる。彼女たちは「お褥御免」以後、一生、性行為とは無縁に大奥で過ごすのである。

となれば、まだ若く丈夫な子を生む能力に長けていそうで、前のお万を思わせる風情を持っていそうなお万を、家康が駿府城に連れて行くのは当然かもしれない。

ところで家康は子どもに峻厳苛酷だったといわれる。戦国時代という肉親間の情愛さえ超えて生きなければならない環境にあったからだろう。家康に限らず、この時代、多かれ少なかれ、どの武将もそうであったといえる。

家康は晩年、子煩悩になったという。義直、頼宣、頼房という末子には良き父親ぶりを見せている。義直や頼宣に能舞をやらせ、それを見るのを楽しみにした。また十一歳の義直が疱瘡《とうそう》にかかったという報《しら》せを受けるや鷹狩りに出ていた家康は城に飛んで帰って見守り、数日後、その回復を医師から聞くと、満面に笑みを浮かべたという。

天下を平定、天下の主になることができ、ようやく余裕が生まれたのだろうか。あるいは単に齢《よわい》を重ねて普通の老人になっただけなのか。

いずれにしても家康の子女は、一六〇七年（慶長十二）に生まれた五女が最後となる。

このとき家康六十六歳である。

その後、家康は一六一六年（元和二）、七十五歳で没した。

三十七歳になっていたお万は江戸へ戻り、切髪《きりかみ》をして養珠院《ようじゅいん》と称し、家康の菩提を弔いながら一六五三年（承応二）八月二十一日、没した。享年七十四。

＊

徳川幕府の歴代将軍のなかで、正室の生んだ男子で将軍職に就くことができたのは、二代将軍秀忠の正室・江の生んだ竹千代（三代将軍家光）だけで、あとはすべて側室の生んだ男子か養子である。

竹千代の乳母・お福（のちの春日局）によって「大奥」づくりがはじまるが、そこは将軍の女色のためにあるというより、血筋を絶やさないために工夫された跡継ぎ工房のようなところといえるのである。

○主な参考文献は以下のとおりです。

『日本の中世　11』網野善彦（中央公論新社）／『聖将　上杉謙信』小松重男（毎日新聞社）／『日本の歴史　第六巻　群雄の争い』（読売新聞社）／『織田信長「信長公記」紀行』立松和平（勉誠出版）／『信長』秋山駿（新潮社）／『江戸城大奥の女たち』卜部典子（新人物往来社）／『炎の女たち』高木市之助編（現文社）／『徳川家康に学ぶ』小山龍太郎（六興出版）／『徳川妻妾記』高柳金芳（雄山閣）／『淀君』桑田忠親（吉川弘文館）／『お江　戦国の姫から徳川の妻へ』小和田哲男（角川学芸出版）／『女たちの戦国史』別冊歴史読本　戦国史シリーズ④（新人物往来社）／『柴田勝家』安西篤子（学習研究社）／『永井路子歴史小説全集　第十三巻』（中央公論社）／『それからのお市の方』中島道子（新人物往来社）／『人物日本の女性史　四・戦国乱世に生きる』円地文子監修（集英社）／『死して残せよ虎の皮　浅井長政　正伝』鈴木輝一郎（徳間書店）／『知られざる直江兼続』由良弥生（ランダムハウス講談社）

本作品は当文庫のための書き下ろしです。

文芸社文庫

戦国の世を生きた七人の女

江姫をめぐる女たちの運命

二〇一一年四月十五日　初版第一刷発行

著　者　由良弥生
発行者　瓜谷綱延
発行所　株式会社　文芸社
〒一六〇‐〇〇二二
東京都新宿区新宿一‐一〇‐一
電話　〇三‐五三六九‐三〇六〇（編集）
〇三‐五三六九‐二二九九（販売）
印刷所　図書印刷株式会社
装幀者　三村淳

ISBN978-4-286-10708-0